《营运客车安全技术条件》（JT/T 1094—2016）释义

交通运输部运输服务司　编

人民交通出版社股份有限公司
China Communications Press Co.,Ltd.

内 容 提 要

本书详细说明了《营运客车安全技术条件》(JT/T 1094—2016)标准制定的背景、目的及原则;采取逐条释义的方式,阐述了条文的具体内涵、技术依据、试验方法及指标限值要求;在重点条款后增加了国内外客车安全技术要求的对比情况,以便于读者参考、对照;在附件中给出了国内外客车安全法规/标准目录对照表,以方便读者更好地理解本标准相关内容。

本书对于各级交通运输管理部门、客车生产企业、道路运输企业、汽车检测机构、零部件制造生产企业等单位的相关人员全面理解和正确实施标准,具有较强的指导作用。

图书在版编目(CIP)数据

《营运客车安全技术条件》(JT/T 1094—2016)释义 / 交通运输部运输服务司编. —北京:人民交通出版社股份有限公司, 2017.3

ISBN 978-7-114-13703-7

Ⅰ.①营… Ⅱ.①交… Ⅲ.①营运汽车—车辆运行—安全标准—注释—中国 Ⅳ.①U471.15-65

中国版本图书馆 CIP 数据核字(2017)第 039923 号

Yingyun Keche Anquan Jishu Tiaojian(JT/T 1094—2016)Shiyi

书　　名:《营运客车安全技术条件》(JT/T 1094—2016)释义
著 作 者:交通运输部运输服务司
责任编辑:钟　伟　刘　博
出版发行:人民交通出版社股份有限公司
地　　址:(100011)北京市朝阳区安定门外外馆斜街 3 号
网　　址:http://www.ccpress.com.cn
销售电话:(010)59757973
总 经 销:人民交通出版社股份有限公司发行部
经　　销:各地新华书店
印　　刷:北京市密东印刷有限公司
开　　本:720×960　1/16
印　　张:7.75
字　　数:90 千
版　　次:2017 年 3 月　第 1 版
印　　次:2017 年 4 月　第 2 次印刷
书　　号:ISBN 978-7-114-13703-7
定　　价:30.00 元

张仪栋	高　博	张红卫	李　强
曹　飞	裴志浩	胡选儒	刘昌仁
游国平	张　雄	张　超	张密科
姚　波	来　飞	颜长征	王　戡
徐建勋	杨　超	朱红岩	帅翔天
张迪思	何意博	李贤桥	于雅丽

前言

经过多年的快速发展，我国已成为客车制造大国，客车产销量位居世界第一。但我们在追求发展速度的同时，受市场需求驱使，存在过度注重装载能力、舒适性、美观度等外在属性的问题，对客车的本质安全性能重视程度不够，致使我国客车在主动安全、被动安全、防火性能、逃生性能方面与欧洲、美国、日本等发达国家和地区相比，还有一定的差距。也正是因为客车整体安全性能不高，导致交通事故频发、小事故往往酿成大惨剧，特别是有些重特大交通事故现场惨烈、触目惊心，造成了巨大的负面影响，也给我们再次敲响了重视客车本质安全性能的警钟。

2016年，交通运输部运输服务司结合道路运输行业发展现状和营运车辆技术管理工作需要，及时启动了交通运输行业标准《营运客车安全技术条件》（JT/T 1094—2016，以下简称JT/T 1094标准）的制定工作，在营运客车的防侧翻、阻燃防火、应急逃生等主、被动安全性能与结构配置方面，提出了更加严格、适用的技术要求。该标准于2016年12月30日发布，2017年4月1日正式实施。

JT/T 1094标准以提升我国营运客车安全技术水平为出发点，既立足于行业发展现状与管理需求，又充分借鉴、吸收国外发达国家先进、成熟的技术，创新性地提出了适合我国国情的营运客车安全技术要求，对于把好营运客车安全准入关，加强营运客车的安全技术管理，有效降低因车辆本质安全性能不足造成的人员伤亡与经济损失，发挥重要的技术支撑作用。同时，标准的实施对推动我国客车安全技术水平迈上新台阶，加快实现我国由客车生产大国向客车制造强国转变具有划时代的历史意义。

为促进 JT/T 1094 标准的贯彻落实，帮助各级交通运输管理部门、客车生产企业、道路运输企业、汽车检测机构、零部件制造生产企业等单位相关人员全面理解和正确实施标准，交通运输部运输服务司组织标准牵头起草单位重庆车辆检测研究院编写了《〈营运客车安全技术条件〉(JT/T 1094—2016)释义》，对标准条文的内涵、技术依据、试验方法及指标限值逐条进行了详细解读，对相关试验方法进行了详细说明，以提升标准的可执行性和有效性。本释义在编写过程中得到了交通运输部公路科学研究院、中国公路学会客车分会的大力支持。由于时间仓促，书中不足之处恳求读者指正。

编写组

2017 年 2 月 23 日

目 录
Mulu

第一章　标准制定总体情况

第一节　制定本标准的目的

经过多年的快速发展，中国客车产销量、出口量已长期位居世界第一。不仅经常在东南亚、中东、拉美公路上见到中国客车的身影，甚至偶尔在巴黎的香榭丽舍大街、伦敦的泰晤士河畔也可见到中国品牌的客车驶过。

在客车行业取得令人欣喜的成绩背后，一些问题也在不断地堆积与显现。2016 年 6 月，湖南郴州宜凤高速公路发生了一起客车起火燃烧事故（图 1-1），造成了 35 人死亡、13 人受伤，直接经济损失 2290 余万元。事故现场伤亡惨烈、触目惊心，造成了巨大的社会影响。据国务院事故调查组调查分析，事故的直接原因是驾驶员疲劳驾驶造成车辆失控，车辆与道路中央护栏发生多次碰撞，导致油箱破损、燃油泄漏并起火燃烧；由于车门被阻挡，且安全锤未按规定放置在车厢内，导致车内乘客无法打开车门或击碎车窗逃生，造成重大人员伤亡。在这起事故中，若肇事客车配置了车道偏离预警系统（LDWS），或安装了有效的燃油箱防护装置，抑或配备了两个乘客门，也许这起事故就能够避免或大大减少事故造成的人员伤亡。2016 年 7 月，天津宝坻“7・1”重大道路交通事故中，若肇事客车装备了胎压监测系统或爆胎应急安全装置，这起事故同样也可能避免。因此，全面提升营运客车安全技术水平已成为国家关注的重点、社会关心的热点,更是行业未来健康发展的第一要务。

图 1-1　湖南郴州宜凤高速公路“6・26”特别重大道路交通事故

通过对近五年来发生的营运客车重特大交通事故成因归纳分析发现,我国营运客车(公路客车、旅游客车)存在过度看重运营效率,过度注重装载能力、舒适性、美观度等外在属性,对客车的本质安全重视程度不够的问题。由此导致我国营运客车在主动安全、被动安全、防火性能、逃生性能方面与欧洲、美国、日本等发达国家和地区的先进水平还有不小的差距,交通事故频发、小事故往往酿成大惨剧。

现阶段在提升我国营运客车安全技术水平的对策中,依靠行政管理监督手段,通过标准的约束与引导作用,促使客车生产企业追求安全技术进步,加强安全技术的研发及安全配置的应用,无疑是最为直接、有效的方式。当前,《机动车运行安全技术条件》(GB 7258—2012)、《客车结构安全要求》(GB 13094—2007)等强制性国家标准,对营运客车提出了一些安全技术要求,对客车生产制造及使用管理起到了一定的促进作用。但是,这些标准是对客车的通用性要求,部分指标和性能要求无法完全满足营运客车产品的设计生产、测试评价、运输服务安全应急的需求,不能有效保障人民群众出行的安全可靠。

因此，结合我国道路客运管理实际和交通事故中暴露出的主要问题，以提高营运客车本质安全性能为切入点，按照问题导向思维，通过统计分析近年来发生的重特大道路客运事故，提炼出影响营运客车安全性能的关键要素；依据关键要素，对比国内外客车安全法规标准体系的一致性与差异性，并充分吸收、借鉴国外发达国家先进的做法，制定符合我国国情的基础性、系统性、创新性营运客车安全技术标准非常必要。

第二节　标准的编制原则

标准编制过程中坚持“立足行业、吸收先进、切实可行、勇于创新”的原则，标准具体内容按照《标准化工作导则　第 1 部分：标准的结构和编写》（GB/T 1.1—2009）的规则编写。

（1）立足行业。本标准制定、实施的目的是提高道路客运行业的安全性、降低营运客车交通事故发生的概率、减少事故造成的人民群众生命及财产损失。因此，编写组在本标准的制定过程中充分立足行业现状，以解决客运交通事故中暴露出的问题为抓手，通过系统分析近年来发生的营运客车重特大事故案例，提炼出了涉及营运客车安全性能的关键要素，从而提出了适合我国国情的营运客车安全技术要求。

（2）吸收先进。虽然欧洲、美国、日本等发达国家和地区尚未制定专门针对客车的安全技术法规，但是在其汽车安全技术法规体系中已对客车作出了附加性、特殊性要求。其中有很多先进的地方值得我们学习借鉴，比如：欧洲对电子稳定性控制系统（ESC）、自动紧急制动系统（AEBS）等主动安全装备的强制要求和美国、日本采用的外推式应急窗。编写组在本标准的制定过程中充分吸纳了国外先进的安全理念及要求。

（3）切实可行。通过与客车生产企业、运管部门、道路客运企业充分沟通，编写组确保了标准新增要求、加严要求各条款，在技术成熟度、成本增加、生产实现等方面能达成有效的平衡,具有可操作性,为标准发布后的顺利实施奠定了基础。

(4)勇于创新。在没有参照系,又必须解决客运安全问题的情况下,编写组进行了大胆的创新。比如:目前大型营运客车的后风窗玻璃受座椅头枕遮挡,大都无法满足设置应急窗的尺寸要求,而应急窗是侧翻事故后乘客快速疏散、逃生的救命通道,编写组提出了允许尾排座椅头枕设置为可快速拆卸式来满足此项要求。

第三节　标准的主要技术内容

标准共分为5个章节及1个规范性附录。其中,第1章为范围,第2章为规范性引用文件,第3章为术语及定义,第4章为技术要求,第5章为标准实施的过渡期要求,附录为营运客车电子稳定性控制系统性能要求及试验方法。

标准的主要技术内容为第4章:技术要求,分为7个类别,共47个条款。其中整车10条,转向系4条,制动系7条,传动系1条,行驶系3条,车身结构、强度、出口13条,安全防护装置9条。出于维持标准体系架构的完整性,以及现有标准中的部分条款有再次强调、重申的必要性角度考虑,直接引用现有强制性标准13条,其余34条均为新增、加严的条款。

(1)客车的大型化发展,使得行李舱越来越大,重心越来越高,高速行驶横向稳定性变差,加之驾驶员遇险操作不当,极易发生侧翻事故。据统计,近五年发生的特别重大事故中,侧翻事故占事故总数的50%左右,占单方事故数的80%左右。因此,降低客车重心、提升客车防侧翻能力迫在眉睫。为此提出了:

①限制营运客车行李舱高度、驾驶区上方不应布置地板、车顶不应布置燃气瓶。

②营运客车应装备电子稳定性控制系统(ESC)。

③应符合操纵稳定性稳态圆周及蛇形试验要求。

(2)目前,越来越多的科学技术在汽车上得到了推广应用,汽车的科技化水平也越来越高。防追尾、防偏离技术是目前智能驾驶技术中的核心技术,已经在乘用车领域得到广泛应用。在陕西“8・26”、湖南“6・26”特别重大事故中,如果肇事客车配备了自动紧急制动系统,就可能避免这些事故。因此,为减少追尾事故、偏离车道事故的发生及减轻事故发生造成的伤害,提出了:

车长大于9m的营运客车应安装自动紧急制动系统(AEBS)及车道偏离预警系统(LDWS)。

(3)为提高制动系统效能、保证弯道制动的稳定性、减少驾驶员维护意识不强导致制动系统工作不正常,提出了:

①采取气压制动系统的营运客车制动储气筒内工作气压应大于或等于1000kPa。

②营运客车所有车轮应安装盘式制动器。

③营运客车应满足美标《气压制动系统》(FMVSS 121)及《液压与电子制动系统》(FMVSS 105)中规定的弯道制动稳定性的要求。

④盘式制动器衬片磨损应具有自动报警功能。

(4)为防止行车过程中传动轴脱落引发事故,提出了:

应安装防止传动轴滑动连接装置脱落引发危险的防护装置。

(5)车辆在使用过程中,轮胎气压异常、轮胎严重磨损、轮胎的非正常使用和受外力冲击等情况,都可能造成爆胎。车辆爆胎后会引起车辆性能剧烈变化,出现车辆跑偏、转向困难等问题,如果驾驶员操作不当,极易引发侧翻事故。因此,为减少营运客车爆胎失控引发的事故,提出了:

①营运客车应装用无内胎子午线轮胎。

②安装单胎的车轮应安装胎压监测系统或胎压报警装置。

③车长大于9m的营运客车前轮应安装爆胎应急安全装置。

(6)随着我国经济的发展和人民群众出行质量的提升,客车生产企业为了迎合市场需求,不断提升大客车的舒适性和承载能力,普遍采取单门全封闭的车身结构形式,这些车型的应急逃生能力不足,安全锤不符合标准且易丢失,一旦出现车门损毁、车窗无法破碎等情况,乘客将很难逃生。2016年发生的湖南"6·26"特别重大道路交通事故,就是因为客车起火燃烧后车门无法有效开启,造成了重大人员伤亡。因此,为让乘客能够在事故发生后快速疏散及逃生,提出了:

①车长大于9m的营运客车右侧至少配置两个乘客门。

②车长大于9m的营运客车左侧至少配置一个应急门。

③7m以上的营运客车必须安装外推式应急窗。

④每个应急窗需配置符合要求的安全应急锤。

⑤踏步区不得设置座椅、通道中不得设置折叠座椅。

⑥未配置内外开启式尾门的营运客车后围必须设置应急出口。

⑦7m以上的营运客车需配置安全顶窗。

(7)客车在运行过程中,如果燃油箱受到撞击导致燃油泄漏,极易引发火灾事故,内饰材料会迅速燃烧,释放大量有毒有害气体,无法为乘客争取充足逃生时间,乘客会因吸入有毒气体而昏厥,被困车内死亡。因此,为减少事故发生后乘客受到伤害及减少起火事故发生的概率,提出了:

①对燃油箱容积进行限制,只能采用单体式结构。

②对于侧面不受车身防护的燃油箱,需安装防护装置。

③内饰材料的阻燃性能应符合JT/T 1095的要求。

(8)汽车安全带是在车辆发生碰撞事故或紧急制动时,能够将乘客紧紧固定在座椅上,防止发生二次碰撞,降低乘客伤亡的重要装置,因此被誉为"生命带"。但目前,由于广大乘客安全意识淡薄、自觉佩戴安全带的意识和习惯尚未养成，很多乘客因未佩戴安全带被甩出车外致伤致死。因此，为提高乘客佩戴使用安全带的意识，培养自觉使用安全带的习惯，提出了：

①驾驶员座椅、前排乘客座椅等关键位置应配置三点式安全带。

②应装备乘员佩戴安全带提醒装置。

第四节　采用国际标准的情况

本标准中引用了两项美国 FMVSS 法规的试验方法及评价限值，分别为：

（1）目前国标仅有《轻型汽车电子稳定性控制系统性能要求及试验方法》（GB/T 30677—2014），适用于最大设计总质量不大于 3500kg 的 M 类、N 类车辆；对于重型车辆的 ESC 标准还在制定中。重型车辆方面，联合国欧洲经济委员会法规《就制动方面批准 M 类、N 类和 O 类车辆的统一规定（附录 21 装备电子稳定系统车辆的特殊要求）》（ECE R13）对方向控制和防侧翻控制的试验方法提供了可选项，但具体试验过程并没有要求，未提出符合性判据。美国联邦机动车安全法规《重型车辆电子稳定性控制系统》（FMVSS 136）对 ECE R13 进行了完善，提出了轨迹保持能力、发动机扭矩减小试验和侧倾稳定性控制试验三种测试程序及相关要求，在测试方法和限值方面比 ECE R13 更明确、具体。鉴于目前国标、行标尚未制定出重型车辆的 ESC 性能试验标准，而国外标准中 FMVSS 136 最具科学性及可操作性，且客车企业装备 ESC 的出口车型能够满足 FMVSS 136 法规的要求，在技术上可行，故为推动 ESC 装置在重型车辆上的应用，附录 A 等效采用了 FMVSS 136。

（2）通过对近五年发生的道路交通事故统计分析数据表明，有近 50% 的营运客车重特大交通事故发生在弯坡路段，其中由于车辆弯道制动稳定性差导致侧滑、摆头、甩尾、失控等现象引发车辆偏离车道是发生事故的主要原因,因此有必要对营运客车的弯道制动稳定性进行评价。现行的《商用车辆和挂车制动系统技术要求及试验方法》(GB 12676—2014)仅对车辆直线工况下的制动稳定性作出了规定(车辆未偏离 3.7m 宽的试验跑道),而未对弯道制动稳定性提出要求。欧洲、日本的客车安全技术法规同样未对弯道制动稳定性作出要求,而美国联邦机动车安全技术法规则要求所有的机动车都应进行弯道制动稳定性的试验,并依据制动系统类型满足相应的《气压制动系统》(FMVSS 121)及《液压与电子制动系统》(FMVSS 105)的要求。按照“吸收先进”的标准制定原则,本标准引入了美国联邦机动车安全技术法规 FMVSS 中的弯道制动稳定性试验方法及要求,并通过多辆样车的实际测试验证了该试验项目的可行性。由于美国联邦机动车安全技术法规 FMVSS 采用英制单位,为方便计算及操作,将换算过的公制单位数值进行了圆整(半径:500ft—152.4m—150m;车速:30mile/h—48.3km/h—50km/h)。

第二章 《营运客车安全技术条件》(JT/T 1094—2016)释义

第一节 范 围

1 范围

本标准规定了营运客车的整车及主要总成、安全防护装置的安全技术要求。

本标准适用于 M_2 类、M_3 类中的 B 级和Ⅲ级营运客车。

本标准不适用于校车。

条文释义

本条款主要规定了标准的适用范围。

(1)从注重体系结构划分的严谨性,并与现有安全类标准体系进行有效衔接的角度考虑,按照车辆总成形式划分了标准整体架构,分别从整车、转向系、制动系、传动系、行驶系、车身结构、强度、出口、安全防护装置七个方面提出了具体技术要求。

(2)本标准适用于经营性旅客运输(拟取得营运资质)的 M_2类、M_3类中的 B 级和Ⅲ级新生产客车。不适用于公交车、单位自用车、校车等允许乘员站立及不需要办理营运证的客车。

(3)依据《机动车辆及挂车分类》(GB/T 15089—2001)的定义：

M_2类——包括驾驶员座位在内座位数超过9个，且最大设计总质量不超过5000kg的载客车辆。

M_3类——包括驾驶员座位在内座位数超过9个，且最大设计总质量超过5000kg的载客车辆。

B级——可载乘员数(不包括驾驶员)不多于22人，不允许乘员站立。

Ⅲ级——可载乘员数(不包括驾驶员)多于22人，不允许乘员站立。

第二节　规范性引用文件

2　规范性引用文件

下列文件对于本文件的应用是必不可少的。凡是注日期的引用文件，仅注日期的版本适用于本文件。凡是不注日期的引用文件，其最新版本(包括所有的修改单)适用于本文件。

GB/T 2408　塑料　燃烧性能的测定　水平法和垂直法

GB/T 3730.1　汽车和挂车类型的术语和定义

GB/T 6323　汽车操纵稳定性试验方法

GB 7258　机动车运行安全技术条件

GB 12676　商用车辆和挂车制动系统技术要求及试验方法

GB 13057　客车座椅及其车辆固定件的强度

GB 13094　客车结构安全要求

GB/T 13594　机动车和挂车防抱制动性能和试验方法

GB 14166　机动车乘员用安全带、约束系统、儿童约束系统和

	ISOFIX 儿童约束系统
GB 14167	汽车安全带安装固定点、ISOFIX 固定点系统及上拉带固定点
GB/T 14172	汽车静侧翻稳定性台架试验方法
GB/T 15089	机动车辆及挂车分类
GB 17578	客车上部结构强度要求及试验方法
GB/T 17619	机动车电子电器组件的电磁辐射抗扰性限值和测量方法
GB 18565	道路运输车辆综合性能要求和检验方法
GB/T 18655	车辆、船和内燃机　无线电骚扰特性　用于保护车载接收机的限值和测量方法
GB/T 19056	汽车行驶记录仪
GB 19239	燃气汽车专用装置的安装要求
GB/T 23334	开启式客车安全顶窗
GB/T 24545	车辆车速限制系统技术要求
GB/T 30677	轻型汽车电子稳定性控制系统性能要求及试验方法
GB 30678	客车用安全标志和信息符号
JT/T 721	客车电涡流缓速器性能要求和试验方法
JT/T 782	营运客车爆胎应急安全装置技术要求
JT/T 794	道路运输车辆卫星定位系统　车载终端技术要求
JT/T 808	道路运输车辆卫星定位系统　终端通讯协议及数据格式
JT/T 883	营运车辆行驶危险预警系统　技术要求和试验方法
JT/T 889	客车发动机缓速器装车性能要求和试验方法
JT/T 890	客车液力缓速器装车性能要求和试验方法
JT/T 1030	客车电磁击窗器

JT/T 1076　　道路运输车辆卫星定位系统　车载视频终端技术要求

JT/T 1078　　道路运输车辆卫星定位系统　视频通信协议

JT/T 1095　　营运客车内饰材料阻燃特性

QC/T 480　　汽车操纵稳定性指标限值与评价方法

QC/T 1030　　客车外推式应急窗

QC/T 1048　　客车应急锤

条文释义

本条款列出了引用标准号及标准名称,共36个。在引用标准时均未指明具体条款,且所有引用标准都未包含年代号,其最新版本(包括所有修改单)适用于本标准。

第三节　术语和定义

3　术语和定义

GB/T 3730.1、GB/T 6323、GB 13094、GB/T 15089界定的以及下列术语和定义适用于本文件。

3.1

营运客车　commercial bus

用于经营性旅客运输的客车。

条文释义

本条款对营运客车进行了重新定义:用于经营性旅客运输的客车,不包含乘用车。与《营运客车类型划分及等级评定》(JT/T 325—2013)中营运客车的定义不同(用于经营性旅客运输的汽车)。

第四节 技术要求

4 技术要求

4.1 整车

4.1.1 营运客车车顶不应布置压缩天然气(CNG)、液化天然气(LNG)、液化石油气(LPG)燃气瓶。

条文释义

燃气瓶质量较重,将其安装在车顶会使车辆质心升高,行驶稳定性变差,高速、路况差的条件下车辆容易侧翻;不便于日常维护检查;会影响车顶结构强度;故本条款要求不允许营运客车将 CNG、LNG、LPG 燃气瓶布置在车顶位置。

标准条文

4.1.2 营运客车地板下置行李舱净高应不大于1.2m,行李舱内应设置行李约束装置。

条文释义

本条款是对营运客车行李舱尺寸及行李约束装置的规定。

(1)设置地板下置行李舱净高最大限值的目的是控制车辆的质心高度,提高行驶稳定性。行李舱净高为车身内部尺寸,企业产品设计时容易控制,管理部门监督核查时也方便测量。另外,客车行李舱尺寸与车辆地板离地高度、车辆质心高度是关联尺寸,故以此方式间接限制车辆质心高度。

(2)经过充分调研,1.2m 的行李舱净高限值既可满足存放乘客行李物品及小件运输存储空间的需求,又能有效控制车辆质心高度。目前,除低驾驶区客车外的绝大部分车型的行李舱净高都能满足标准限值要求,本条款要求具有很强的可执行性。

(3)行李舱净高是指行李舱储物区地板上表面距乘客区地板骨架下表面(行李舱上表面)间的最大净高度。

(4)行李舱内设置行李约束装置的目的是防止在车辆行驶过程中或制动时,行李舱内物品的窜动造成车辆载荷分配的变化,进而影响车辆操控或制动性能,引发事故,以及防止行李舱门和行李被撞击损坏。

(5)本条款的要求涉及企业产品结构的改造,考虑到企业产品技术改造周期,为提高可执行性,该条款设置了实施过渡期,自 2018 年 4 月 1 日起开始对新生产车实施。

标准条文

4.1.3 营运客车驾驶区上方不应布置地板。

条文释义

本条款是对营运客车驾驶区上方不得布置地板的规定。

目前,有些客车为提高载客率,在驾驶区上方布置了座椅以增加座位数(俗称低驾驶区客车或一层半客车),如图 2-1 所示。这些低驾驶区客车安全性较差,主要表现在四个方面:

(1)车高都在 3.8m 以上,质心高,行驶稳定性差,容易发生侧翻事故。

(2)车厢内楼梯踏步过于陡峭、狭窄,发生事故时不方便乘客快速疏散与逃生。

(3)上层前排乘客座椅距离前风窗玻璃非常近,发生碰撞事故时,由于没有足够的缓冲区,容易对乘客造成更大的伤害。

(4)低驾驶区客车驾驶员视野不佳,影响行车安全。

图 2-1 低驾驶区客车

标准条文

4.1.4 营运客车应装备电子稳定性控制系统(ESC),总质量不大于3500kg 的营运客车装备的 ESC 应符合 GB/T 30677 的要求,其他营运客车装备的 ESC 应符合附录 A 的要求。ESC 的电磁兼容性应符合 GB/T 18655 及 GB/T 17619 的规定。

条文释义

本条款是对营运客车装备电子稳定性控制系统(ESC)的规定。

(1)ESC 的基本原理为:通过测定车辆横摆角速度及驾驶员转向输入来实时监控车辆的运行状态,根据需要调节制动力和发动机扭矩以改变车辆横摆力矩,使车辆按驾驶员的意图行驶。

(2)车辆装备符合要求的 ESC 后,可大幅降低弯道侧滑、转向不足情况下交通事故的发生概率,ESC 是目前最为有效的主动安全装备,故本条款要求所有营运客车均应装备 ESC。

(3)目前,在现行有效的国家强制标准中,仅有《轻型汽车电子稳定性控制系统性能要求及试验方法》(GB/T 30677—2014)对 ESC 进行了规定,且该标准只适用于最大设计总质量不大于 3500kg 的 M 类、N 类车辆。适用于重型车辆的 ESC 标准,目前还在制定中。

(4)国外发达国家和地区在重型车辆方面关于ESC的规定主要是：联合国欧洲经济委员会法规《就制动方面批准M类、N类和O类车辆的统一规定(附录21 装备电子稳定系统车辆的特殊要求)》(ECE R13)对方向控制和防侧翻控制的试验方法提供了可选项,但具体试验过程并没有要求,未提出符合性判据。美国联邦机动车安全法规《重型车辆电子稳定性控制系统》(FMVSS 136)对ECE R13进行了完善,提出了轨迹保持能力、发动机扭矩减小试验和侧倾稳定性控制试验三种测试程序及相关要求,在测试方法和限值方面比ECE R13更明确、具体。

鉴于目前国标、行标尚未制定出重型车辆的ESC性能试验标准,而国外标准中FMVSS 136最具科学性及可操作性,且客车企业装备ESC的出口车型能够满足FMVSS 136法规的要求,在技术上可行,故为推动ESC装置在重型车辆上的应用,附录A等效采用了FMVSS 136。

(5)考虑到客车生产企业匹配验证周期较长,生产准备也需要较长的时间,按照整体推进、分步实施的原则,本标准设置了标准实施过渡期。对于车身高度较高、行驶稳定性差的大型营运客车及ESC装车率较高的轻型客车先行实施,其余车型延后实施。

因此,针对车高大于3.7m的营运客车和总质量不大于3500kg的营运客车装备ESC的要求自2018年4月1日起对新生产车实施;其余营运客车装备ESC的要求自2019年4月1日起对新生产车实施。

(6)本标准实施后,欧洲、美国、日本等发达国家和地区以及我国客车安全法规对装备ESC的要求情况见表2-1。

欧洲、美国、日本及我国客车安全法规对装备ESC的要求 表2-1

国家和地区	法规	适用车型	实施时间
欧洲	ECE R13附录21	M_2类、M_3类中的B级和Ⅲ级客车	2013年11月对新申请认证车辆实施;2015年11月对新生产车实施

续上表

国家和地区	法规	适用车型	实施时间
美国	FMVSS 136	总质量大于11973kg的客车	2018年6月对于设计总质量大于14969kg的客车实施;2019年8月对其余客车实施
日本	—	—	—
中国	JT/T 1094	M_2类、M_3类中的B级和Ⅲ级客车	2018年4月1日起对车高大于3.7m和总质量不大于3500kg的营运客车实施;2019年4月1日起对其余车型实施

通过对比,在ESC方面的技术要求,我国与欧美国家的技术要求一致,在实施的时间与判定方面处于领先水平。

(7)ESC是车辆主动安全性能控制的核心部件,必须保证其在各种工况、环境下的高可靠性、稳定性及鲁棒性。而ESC作为电子控制单元,其性能最易受车辆自身及周围电磁环境的影响,因此本条款对其电磁兼容性能作出了要求,参照工信部新车准入对制动防抱系统(ABS)的电磁兼容性能要求,提出了ESC电磁辐射、抗扰度性能应符合《车辆、船和内燃机 无线电骚扰特性 用于保护车载接收机的限值和测量方法》(GB/T 18655—2010)及《机动车电子电器组件的电磁辐射抗扰性限值和测量方法》(GB/T 17619—1998)规定。

标准条文

4.1.5 车长大于9m的营运客车应装备符合JT/T 883规定的车道偏离预警系统(LDWS),还应装备自动紧急制动系统(AEBS)。AEBS的前撞预警功能应符合JT/T 883的规定,其他功能应符合相关标准规定。

条文释义

本条款是对营运客车安装车道偏离预警系统(LDWS)、自动紧急制动系统(AEBS)的规定。

随着汽车智能化技术的快速发展,先进驾驶辅助系统(ADAS)技术已趋于成熟并已大量运用于乘用车,为提升乘用车安全性能、减少由驾驶员操作不当引发的交通事故发挥了重要的作用。在ADAS中最具代表性的两项技术装备分别为:车道偏离预警系统(LDWS)和自动紧急制动系统(AEBS),这两项技术装备对于减少或避免由于驾驶员精神不集中、疲劳驾驶导致的车辆偏离车道事故或追尾事故效果显著。因此,要求车长大于9m的营运客车应装备符合要求的LDWS和AEBS。

LDWS的基本工作原理为:前视摄像头实时采集车道标识线图像,电控单元据此判断车辆在车道中所处位置,检测到汽车偏出车道线时,通过传感器收集车辆数据和驾驶员的操作状态判断该偏离行为是否由驾驶员有意识操作(如变换车道),若判断为由驾驶员无意识造成,则由控制器发出警报信号,提醒驾驶员进行修正,典型LDWS摄像头及装车位置如图2-2所示。

图2-2 典型LDWS摄像头及装车位置图

AEBS 的基本工作原理为:前视摄像头和前视雷达共同检测车辆前方状况,摄像头提供前方障碍物信息(形状、尺寸、位置等),判断触发 AEBS 的必要性,雷达测量车辆前方物体的距离。电控单元根据以上信息并结合车速计算预计碰撞时间,若碰撞时间缩短至相关设定值,系统分步进行报警和自主制动的操作,典型 AEBS 毫米波雷达装车位置如图 2-3 所示。

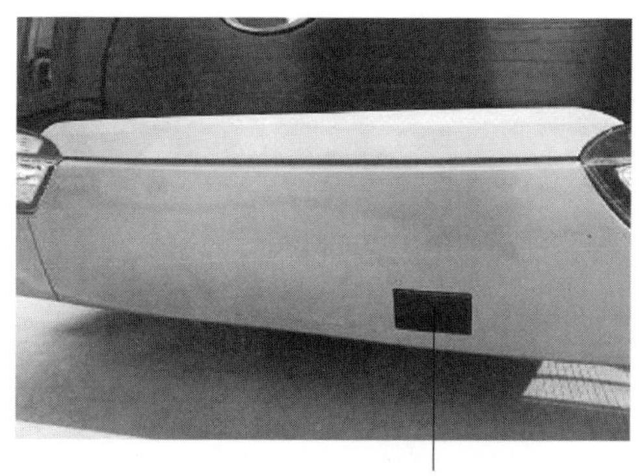

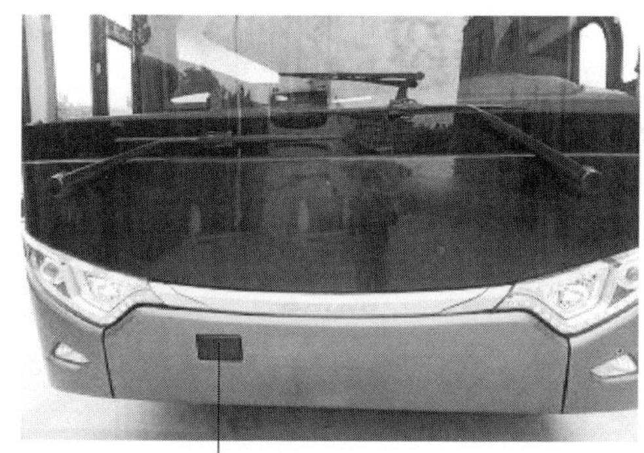

图 2-3 典型 AEBS 毫米波雷达装车位置图

国内有两个标准规定了 LDWS 的技术要求和测试方法,分别是:《智能运输系统车道偏离报警系统性能要求与检测方法》(GB/T 26773—2011)和《营运车辆行驶危险预警系统技术要求和试验方法》(JT/T 883—2014),JT/T 883—2014 在 GB/T 26773—2011 的基础上增加了:

(1)预警系统应能检测到符合 GB 5768.3—2009 规定的下列车道线:

①黄色和白色实线;

②黄色和白色虚线;

③双黄和双白实线;

④双黄和双白虚线;

⑤黄色和白色虚实线。

(2)正常道路条件下行驶时,预警系统应能在白天、夜晚、黄昏和黎明等光照条件下检测到车道线。

(3)当驾驶员有变线或转向倾向并正确打开转向灯时,预警系统应不发出车道偏离警告。

(4)当刮水器动作时,预警系统应正常工作。

(5)当满足报警条件时,预警系统应立即发出车道偏离警告信息,同时传输给卫星定位系统车载终端。

相比 GB/T 26773—2011,JT/T 883—2014 的要求更全面,更符合国内道路、环境条件,又切合道路运输管理部门的监管要求,因此,在 LDWS 的技术要求和测试方法方面,本标准引用了 JT/T 883—2014 的要求。

针对 AEBS 的国标、行业标准还在制定中,尚未发布实施。而 JT/T 883—2014 已经对 AEBS 的前撞预警功能的技术要求和测试方法作出了规定。因此,要求 AEBS 的预警功能符合 JT/T 883—2014 的规定,自动紧急制动的功能待相关性能标准发布实施后再作要求。

考虑到整车企业匹配验证周期较长,国内车辆企业生产准备也需要较长的时间,按照整体推进、分步实施的原则,本标准先对载客量多、发生事故后影响面广、安全形势较为突出的大型营运客车(车长大于 9m)作出要求。另外,本标准还设置了实施过渡期,对于 LDWS 和 AEBS 的预警功能要求先行实施,AEBS 的其他功能要求延后实施。因此,要求车长大于 9m 的营运客车应装备符合 JT/T 883 规定的 LDWS,装备的 AEBS 的前撞预警功能应符合 JT/T 883 的要求自 2018 年 4 月 1 日起对新生产车实施;车长大于 9m 的营运客车装备的 AEBS 的其他功能要求自 2019 年 4 月 1 日起对新生产车实施。

欧洲、美国、日本等发达国家和地区及我国客车安全法规对装备 LDWS 及 AEBS 的要求情况见表 2-2。

欧洲、美国、日本及我国客车安全法规对装备

LDWS 及 AEBS 的要求　　表 2-2

国家和地区	法　　规	适用车型	实 施 时 间
欧洲	LDWS—ECE R130; AEBS—ECE R131	M_2类、M_3类中的 B 级和Ⅲ级客车	LDWS—2013 年 11 月对新申请认证车辆实施;2015 年 11 月对新生产车实施。 AEBS(1 阶段)—2013 年 11 月对新申请认证车辆实施;2015 年 11 月对新生产车实施。 AEBS(2 阶段)—2016 年 11 月对新申请认证车辆实施;2018 年 11 月对新生产车实施
美国	LDWS—ECE R130; AEBS—ECE R131	所有客车	未强制安装,但是纳入 NCAP 评价范围
日本	LDWS—ECE R130; AEBS—ECE R131	高速公路客车	LDWS—2015 年 7 月对新生产车实施。 AEBS(1 阶段)—2017 年 8 月对新生产车实施
中国	JT/T 883	车长大于 9m 的 M_2 类、M_3 类中的 B 级和Ⅲ级客车	LDWS—2018 年 4 月对新生产车实施。 AEBS(预警功能)—2018 年 4 月对新生产车实施。 AEBS(其他功能)—2019 年 4 月对新生产车实施

联合国欧洲经济委员会法规 ECE R131 对 AEBS 第 1 阶段的要求见表 2-3。

ECE R131 对 AEBS 第 1 阶段的要求 表 2-3

车型	静态目标		动态目标		
	报警时刻	AEBS 主动制动要求	报警时刻	AEBS 主动制动要求	目标行驶速度
M_2类、M_3类中的 B 级和Ⅲ级客车	紧急制动开始之前不少于 1.4s，至少发出一种碰撞报警信号（声音或触觉）；紧急制动开始之前不少于 0.8s，至少发出两种碰撞报警信号	至碰撞时，AEBS 主动制动使试验车辆车速降低≥10km/h	紧急制动开始之前不少于 1.4s，至少发出一种碰撞报警信号（声音或触觉）；紧急制动开始之前不少于 0.8s，至少发出两种碰撞报警信号	确保试验车辆不与目标发生碰撞	32 ± 2km/h

联合国欧洲经济委员会法规 ECE R131 对 AEBS 第 2 阶段的要求见表 2-4。

ECE R131 对 AEBS 第 2 阶段的要求 表 2-4

车型	静态目标		动态目标		
	报警时刻	AEBS 主动制动要求	报警时刻	AEBS 主动制动要求	目标行驶速度
M_3类中的 B 级和Ⅲ级客车	紧急制动开始之前不少于 1.4s，至少发出一种碰撞报警信号（声音或触觉）；紧急制动开始之前不少于 0.8s，至少发出两种碰撞报警信号	至碰撞时，AEBS 主动制动使试验车辆车速降低≥20km/h	紧急制动开始之前不少于 1.4s，至少发出一种碰撞报警信号（声音或触觉）；紧急制动开始之前不少于 0.8s，至少发出两种碰撞报警信号	确保试验车辆不与目标发生碰撞	12 ± 2km/h
M_2类、中的 B 级和Ⅲ级客车	紧急制动开始之前不少于 0.8s，至少发出一种碰撞报警信号（声音或触觉）；紧急制动开始之前，至少发出两种碰撞报警信号	至碰撞时，AEBS 主动制动使试验车辆车速降低≥10km/h	紧急制动开始之前不少于 0.8s，至少发出一种碰撞报警信号（声音或触觉）；紧急制动开始之前，至少发出两种碰撞报警信号	确保试验车辆不与目标发生碰撞	67 ± 2km/h

标准条文

4.1.6 营运客车出厂时应装备具有存储和上传功能的车内外视频监控系统,以及具有行驶记录功能的卫星定位系统车载终端:

——视频监控系统应符合 JT/T 1076 和 JT/T 1078 的规定,视频监控覆盖范围至少应包含驾驶区、乘客门区、乘客区及车外前部区域;

——卫星定位系统车载终端应符合 GB/T 19056、JT/T 794 和 JT/T 808 的规定。

条文释义

本条款是对营运客车出厂时安装视频监控系统和卫星定位系统车载终端的规定。

为避免后装设备改动线路带来的安全隐患及联网联控工作需要,要求出厂前由客车生产企业统一完成视频监控系统及卫星定位系统车载终端的设计与安装。

车内外视频监控系统应具有存储和上传功能,并符合《道路运输车辆卫星定位系统 车载视频终端技术要求》(JT/T 1076—2016)和《道路运输车辆卫星定位系统 视频通信协议》(JT/T 1078—2016)的规定。考虑到视频文件占用通信带宽较大、产生的数据流量较多,并未要求视频监控系统实时向监控中心上传数据。但需具备上传功能,必要时应能上传实时视频图像并支持监控中心根据日期时间、通道号、报警类型、检索结果等条件调取指定录像。

目前,国内对营运客车安装视频监控系统尚无标准要求,本标准对视频监控系统的安装及其覆盖范围进行了明确规定:至少应包含驾驶区、乘客门区、乘客区及车外前部区域。监控驾驶区的目的是监控驾驶员有无疲劳驾驶、开车打电话等不当驾驶操作行为;监控乘客门区的目的是让驾驶员掌握乘客上下车的情况,防止乘客正在上下车时关闭车门、启动车辆，对乘客造成伤害；监控乘客区的目的是掌握乘客的乘坐行为，有无不系安全带、站立、携带违规物品、正常条件下开启应急门、应急窗等不规范行为；监控车外前部区域的目的是通过采集、记录车外前部区域路况、交通指示、车辆、行人的状态，为车辆发生前撞事故后的调查取证、责任判定，提供视频图像材料。

卫星定位系统车载终端应符合《汽车行驶记录仪》(GB/T 19056—2012)、《道路运输车辆卫星定位系统　车载终端技术要求》(JT/T 794—2011)和《道路运输车辆卫星定位系统　终端通讯协议及数据格式》(JT/T 808—2011)的规定。交通运输部依据《道路运输车辆卫星定位系统车载终端和平台标准符合性技术审查工作规范》，对卫星定位系统车载终端进行公告管理，定期发布达标的终端产品型号及企业目录。客车生产企业应选用交通运输部公告目录内产品。

由于视频监控系统的标准 JT/T 1076—2016 和 JT/T 1078—2016 在 2017 年 1 月 1 日才开始实施，视频监控系统生产企业研发、测试、认证、生产需要时间，客车生产企业装备视频监控系统后，需要对车载系统布置、电器走线、整车电磁兼容性能等方面进行设计与匹配，同样需要时间，故此条款设置了实施过渡期，视频监控系统的要求自 2017 年 10 月 1 日起对新生产车实施。卫星定位系统车载终端在现行文件《道路运输车辆动态监督管理办法》(交通运输部令 2016 年第 55 号)及标准《道路运输车辆综合性能要求和检验方法》(GB 18565—2016)中已作出要求，故不再设置过渡期。

标准条文

4.1.7　营运客车应配备安全标志，安全标志应符合 GB 30678 的规定。

条文释义

本条款是对营运客车配备安全标志的规定。

《客车用安全标志和信息符号》(GB 30678—2014)中对安全标志的定义是:用以表达特定安全信息的标志,由图形符号、安全色、几何形状(边框)或文字构成。安全标志的颜色和色度应符合《图形符号 安全色和安全标志 第4部分:安全标志材料的色度属性和光度属性》(GB/T 2893.4—2013)的规定。指令标志、警告标志、安全提示标志、消防设施标志的安全色至少占安全标志总面积的50%。安全标志应与附加标志组合使用,可采用多重标志。应急出口、消防设施的安全标志应采用荧光材料。

(1)GB 30678—2014 中要求客车必须配备的安全标志见表2-5。

客车必须配备的安全标志 表2-5

安全标志	名称及含义	设置位置
	禁止吸烟 No smoking 表示禁止吸烟 [ISO 7010:2011-P002]	车内醒目处
	禁止倚靠 No leaning 表示禁止倚靠	设有站立乘客区的城市客车车门上
	禁止携带易燃易爆物品 No carrying flammable and explosive materials 表示禁止携带易燃易爆物品 [GB 2894—2008-1-38]	车外乘客门上或乘客门附近醒目处

续上表

安全标志	名称及含义	设置位置
	系好安全带 Wear safety belts 表示必须佩戴安全带 [ISO 7010:2011-M020]	车内醒目处
	当心触电 Warning:Electricity 提醒此处有高压设备 [ISO 7010:2011-W012]	电动车高压元器件附件
	应急出口 Emergency exit 指示逃到安全地方的通道 [ISO 7010:2011-E001]	应急出口处
	乘客门应急控制 Door emergency switch 指示车门应急控制器的位置	车内外应急控制器附近

注:表中安全标志的式样及颜色以 GB 30678—2014 为准。

(2)GB 30678—2014 中推荐客车配备的安全标志见表2-6。

推荐客车配备的安全标志 表2-6

安全标志	名称及含义	设置位置
	禁止驾驶员谈话 Speaking to the driver prohibited 表示车辆行驶时,避免与驾驶员闲谈 [GB/T 5845.2—2008-51]	驾驶员附近醒目处
	禁止头、手伸出窗外 Head and band out of the window prohibited 表示禁止头、手伸出窗外 [GB/T 5845.2—2008-57]	车内醒目处
	禁止向窗外扔东西 Throwing anything out of the window prohibited 表示禁止向窗外扔东西 [GB/T 5845.2—2008-59]	车内醒目处
	当心夹手 Warning:Crushing of hands 提醒车门关闭时小心夹手	车内车门上或车门附近
	当心碰头 Warning:Overhead obstacle 提醒头顶上方有物体 [ISO 7010:2011-W020]	需要提示的地方

续上表

安全标志	名称及含义	设置位置
	急救点 First aid 指示急救设施的位置 [ISO 7010:2011-E003]	急救设施附近
	消防设施 Fire extinguisher 指示消防设施的位置 [ISO 7010:2011-F001]	消防设施附近

注:表中安全标志的式样及颜色以 GB 30678—2014 为准。

标准条文

4.1.8 营运客车应在乘客门附近车身外部易见位置,用高度大于等于100mm 的中文及阿拉伯数字标明该车提供给乘员(包括驾驶员)的座位数。

条文释义

本条款是对营运客车标注座位数的规定。

为便于管理部门核定、检查营运客车是否超员,本条款再次强调并规范营运客车座位数的标注位置、样式及尺寸,并与《机动车运行安全技术条件》(GB 7258—2012)的规定保持一致。

标准条文

4.1.9 营运客车侧倾稳定性应符合 GB 7258 的规定。

条文释义

本条款是对营运客车侧倾稳定性的规定。

目前,我国现行有效的强制性国家标准中,只有两个对客车侧倾稳定性作出了规定,分别是《客车结构安全要求》(GB 13094—2007)和《机动车运行安全技术条件》(GB 7258—2012)。两个标准中的要求和试验条件有所不同。

GB 13094—2007 要求:客车在满载条件下,在水平位置向左、右先后倾斜 28°,不应发生侧翻。用来防止试验时车轮向侧面滑动的挡块,其高度应小于等于侧倾前轮胎平面和轮辋之间距离的 2/3。

GB 7258—2012 要求:按《汽车静侧翻稳定性台架试验方法》(GB/T 14172—2009)规定的方法,客车在乘客区满载、行李舱空载的情况下测试时,向左侧和右侧倾斜的侧倾稳定角均应大于等于 28°;且除设有乘客站立区的客车外,在空载、静态条件下,向左侧和右侧倾斜的侧倾稳定角均应大于等于 35°。GB/T 14172—2009 规定:为防止试验时汽车侧滑,可采用在侧翻试验台上安装防侧滑挡块的方法,挡块高度不大于 30mm,且只准加在试验台转动中心一侧的轮边。

因此,在客车侧倾稳定性方面,GB 7258—2012 的要求高于 GB 13094—2007。为了与现行标准更高要求保持一致,本标准中对营运客车侧倾稳定性的要求引用 GB 7258—2012。

标准条文

4.1.10 最大设计车速大于 100km/h 的营运客车应具有限速功能,否则应配备符合 GB/T 24545 要求的限速装置,且限速功能或限速装置调定的最大车速不得大于 100km/h。

条文释义

本条款是对营运客车具有限速功能或装置的规定。

通过道路交通事故案例分析发现,车辆行驶速度过快、不按规定要求超速行驶,是引发车祸的主要原因。因此,有必要对营运客车的限速功能及装置的要求进行再次强调。本条款直接引用《机动车运行安全技术条件》(GB 7258—2012)的相关规定:公路客车、旅游客车和危险货物运输货车及车长大于9m的其他客车、车长大于等于6m的旅居车应具有限速功能,否则应配备限速装置。限速功能或限速装置应符合《车辆车速限制系统技术要求》(GB/T 24545—2009)的要求,且限速功能或限速装置调定的最大车速对设置了符合11.2.8规定的车内随行物品存放区的公路客车应小于70km/h,对其他公路客车、旅游客车和车长大于9m的其他客车、车长大于等于6m的旅居车不应大于100km/h。

4.2 转向系

4.2.1 转向轴最大设计轴荷大于4000kg时,应装有转向助力装置。转向时其转向助力功能应连续有效,且转向助力装置失效时仍应具有用转向盘控制车辆的能力。

条文释义

本条款是对营运客车具备转向助力的规定。

转向助力可协助驾驶员对汽车方向作出调整,为驾驶员减轻打转向盘的用力强度。当然,转向助力在汽车行驶的安全性、经济性上也具有一定的作用。目前汽车上配置的助力转向系统大致可以分为3类:机械式液压动力转向系统、电子液压助力转向系统以及电动助力转向系统。

(1)机械式液压动力转向系统:机械式的液压动力转向系统一般由液压泵、油管、压力流量控制阀体、V型传动皮带、储油罐等部件构成,如图2-4所示。

无论是否转向,这套系统都要工作,而且在大转向车速较低时,需要液压泵输出更大的功率以获得比较大的助力。所以,这套系统也在一定程度上浪费了资源。可以回忆一下:开这样的车,尤其是低速转弯的时候,会觉得方向比较沉,发动机动力不足。又由于液压泵的压力很大,也比较容易损害助力系统。还有,机械式液压助力转向系统由液压泵、管路和油缸组成。为保持压力,不论是否需要转向助力,系统总要处于工作状态,能耗较高,这也是导致资源消耗的一个原因。一般经济型轿车使用机械液压助力系统的比较多。

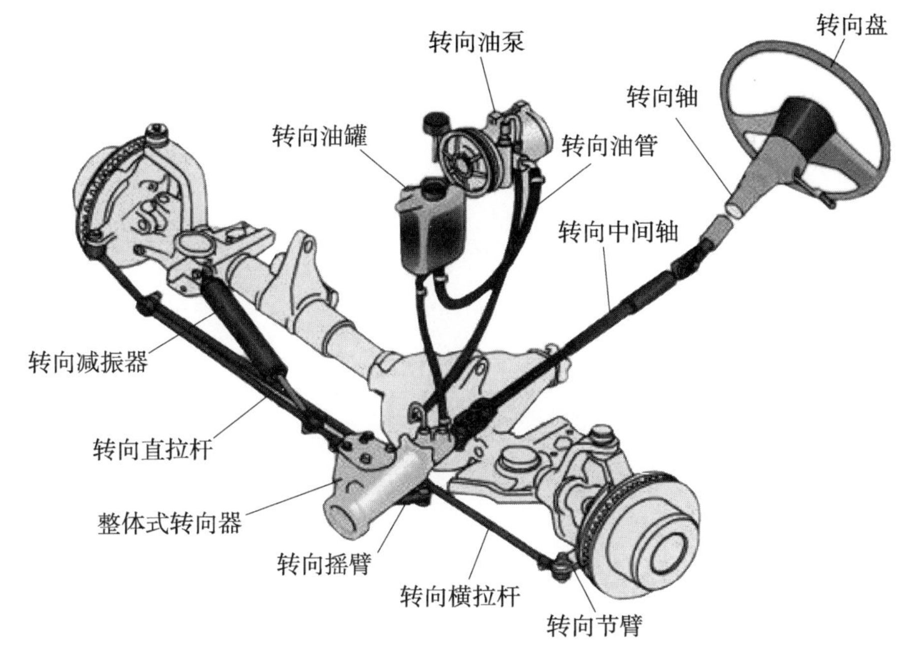

图 2-4 机械式液压动力转向系统

(2)电子液压助力转向系统:由于机械液压助力需要大幅消耗发动机动力,所以人们在机械液压助力的基础上进行改进,开发出了更节省能耗的电子液压助力转向系统,如图 2-5 所示。这套系统的转向油泵不再由发动机直接驱动,而是由电动机来驱动,并且在之前的基础上加装了电控系统,使得转向辅助力的大小不光与转向角度有关,还与车速相关。

(3)电动助力转向系统:利用电动机产生的动力协助驾驶员进行动力转向。尽管不同的车结构部件不一样,但其电动助力转向系统大体雷同,一般是由转矩(转向)传感器、电子控制单元、电动机、减速器、机械转向器以及蓄电池电源所构成。

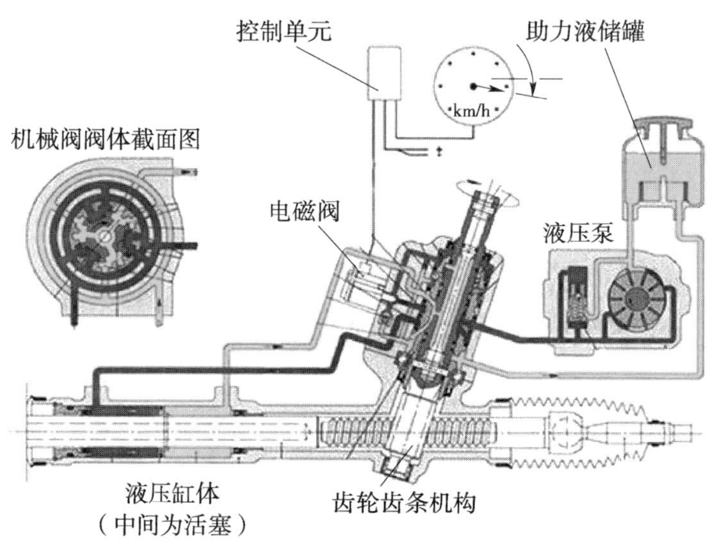

图 2-5　电子液压助力转向系统

汽车在转向时,转矩传感器会“感觉”到转向盘的力矩和拟转动的方向,这些信号会通过数据总线发给电子控制单元,电控单元会根据传动力矩、拟转的方向等数据信号,向电动机控制器发出动作指令,从而电动机就会根据具体的需要输出相应大小的转动力矩,产生助力转向。如果不转向,本套系统就不工作,处于休眠状态等待调用。由于电动助力转向的工作特性,会感觉到开这样的车,方向感更好,高速时更稳,俗话说方向不“发飘”。又由于它不转向时不工作,所以也在一定程度上节省了能源。一般高档轿车使用这样的助力转向系统的比较多。

因此,本条款规定了营运客车应当装备转向助力装置,与《机动车运行安全技术条件》(GB 7258—2012)的相关规定保持一致。

4.2.2　营运客车应具有不足转向特性,按 GB/T 6323 进行试验,不

足转向度应符合 QC/T 480 的规定。

本条款是对营运客车具备不足转向特性的规定。

汽车行驶过程中开始转向时,因受汽车向前行驶的惯性作用,汽车会对转向产生瞬时抵抗,由此产生轮胎侧偏角,即汽车行驶方向与车轮朝向所成的夹角。车轮的侧偏角除了由轮胎的侧偏特性造成外,还由悬架的结构因素所造成,例如悬架的刚度和几何特性等。如果前后轮侧偏角相等,则汽车实际转弯半径等于转向盘转角对应的转弯半径,这种情况称为中性转向;如果前轮侧偏比后轮大,则汽车实际转弯半径大于转向盘转角对应的转弯半径,这种情况称为不足转向;如果后轮侧偏比前轮大,则汽车实际转弯半径小于转向盘转角对应的转弯半径,这种情况称为过度转向。

中性转向虽然能较好地利用侧向力(与车轮前进方向垂直的分量),使汽车达到最大的转向速度,但却削弱了驾驶员对汽车稳定的主观感觉,使其无法预计汽车的制动甩尾。而在过度转向的情况下,当车速达到某一极限时,转向半径会急剧减少,汽车会发生激转,致使操纵困难或失去操纵,甚至导致事故。不足转向产生相对较大的转向半径,侧向力减弱,汽车具有自动恢复直线行驶的良好稳定性,操纵容易。

《机动车运行安全技术条件》(GB 7258—2012)要求:汽车应具有适度的不足转向特性。但它仅从定性的角度对转向特性提出要求,没有明确具体的评价方法及限值,不具有可操作性。本条款结合客车新车定型试验时需要满足的操纵稳定性(稳态回转、转向回正、转向轻便性)的相关试验要求,提出了营运客车不足转向特性的具体评价方法及限值:按《汽车操纵稳定性试验方法》(GB/T 6323—2014)进行稳态回转试验时,其不足转向度应符合《汽车操纵稳定性指标限值与评价方法》(QC/T

480—1999)的要求。

标准条文

4.2.3 营运客车应按 GB/T 6323 规定的试验条件和方法进行蛇形试验,其平均横摆角速度峰值应高于 QC/T 480 对应标桩间距和基准车速下的下限值要求,且应符合 GB 18565 规定的行驶稳定性要求。

条文释义

本条款是对营运客车进行蛇形试验的规定。

该条款规定了所有营运客车应进行 2 个操纵稳定性试验项目,分别是蛇形试验和稳态圆周试验。

蛇形试验的目的是考核车辆的瞬态行驶稳定性,对于评价车辆变道、超车工况的行驶稳定性能具有非常重要的实际意义。目前乘用车新车定型试验规程对此项目有要求,乘用车主机厂在车型研发时也将蛇形试验作为操纵稳定性的基础测试项目,但客车产品对操纵稳定性的重视程度不够,不仅新车定型试验规程中未要求蛇形试验项目,客车主机厂在产品开发、工程验证时也普遍未开展相关试验。考虑到营运客车日常运营时行驶速度较快、路况及环境较为复杂、变道超车等驾驶行为也较频繁,因此需引入相应的试验项目来考核营运客车瞬态行驶稳定性的优劣。《汽车操纵稳定性试验方法》(GB/T 6323—2014)对客车的试验条件及方法进行规定:M_2类车型对应的标桩间距为 30m,基准车速为 50km/h;M_3类车型对应的标桩间距为 50m,基准车速为 60km/h。首次试验时,试验车速为基准车速的 1/2 并四舍五入为 10 的整数倍。以该车速稳定直线行驶,在进入试验区段之前,记录各测量变量的零线,然后按图 2-6 所示路线蛇形通过试验路段,同时记录各测量变量的时间历程曲线及通过有效标桩间距的时间。逐步提高试验车速(车速间隔自行选择),重复上述试验过程,共进行 10 次(撞到标桩的次数不计在内),最高车速不超过

80km/h。

《汽车操纵稳定性指标限值与评价方法》(QC/T 480—1999)规定了蛇形试验的评价指标:平均横摆角速度峰值和平均转向盘转角峰值的下限值与上限值,以及综合计分方式。由于平均转向盘转角峰值主要与转向盘速比相关,与车辆行驶稳定性的相关性不大,故为方便评价起见,本标准仅要求平均横摆角速度峰值满足下限值的要求。

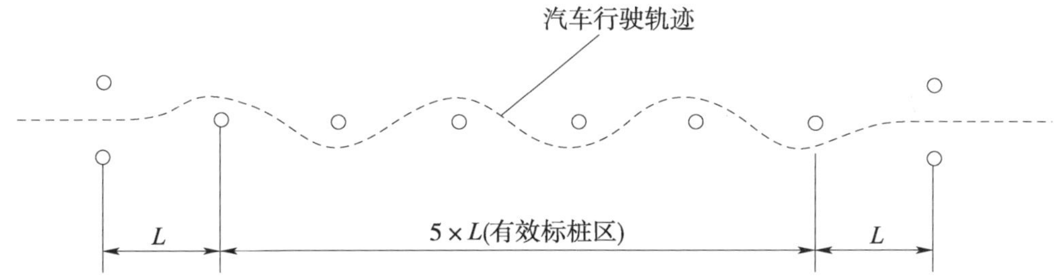

图 2-6 蛇形试验工况路线

《道路运输车辆综合性能要求和检验方法》(GB 18565—2016)规定营运客车的行驶稳定性应满足如下要求:在满载条件下沿特定曲线匀速行驶,当车辆质心处的最大向心加速度达到 0.4g 的稳定状态时,车辆不发生侧翻或侧滑。按《营运车辆抗侧翻稳定性试验方法 稳态圆周试验》(JT/T 884—2014)规定的方法进行试验。JT/T 884—2014 规定了两种可选工况:

(1)定半径变车速试验:试验车辆以稳定的车速沿固定转弯半径的路线行驶,测量车辆转向时的稳态响应参数。在同一转弯半径路线条件下,由低到高选取不同车速进行试验,然后改变转弯半径重复试验,从而测得试验车辆的全部稳态转向响应特性。试验路线可以选取圆形路线或适当曲率的曲线段。试验路线应包含转弯半径为 100m 的标准路线,其他试验路线应包含转弯半径尽可能大的路线。完整的试验应包括至少 3 种不同转弯半径的试验路线。

（2）定车速变转角试验：试验车辆以稳定的车速和固定的转向盘转角行驶，测量车辆转向时的稳态响应参数。在同一车速条件下，由小到大选取不同转向盘转角进行试验，然后改变车速重复试验，从而测得试验车辆的全部稳态转向响应特性。试验应包括速度为50km/h的车速，其他试验车速宜采用尽可能高的车速。完整的试验应包括至少3种不同的车速。试验应以较低车速开始。

标准条文

4.2.4 营运客车在平坦、硬实、干燥和清洁的水泥或沥青路面上行驶，以10km/h的速度在5s之内沿螺旋线从直线行驶过渡到外圆直径为25m的车辆通道圆行驶，施加于转向盘外缘的最大切向力应小于或等于245N。

条文释义

为降低驾驶员劳动强度，减轻驾驶员疲劳，本条款对营运客车螺旋线工况下作用于方向盘外缘的最大切向力再次进行了强调，与《机动车运行安全技术条件》（GB 7258—2012）的相关规定保持一致。

标准条文

4.3 制动系

4.3.1 营运客车应安装符合GB/T 13594规定的防抱制动装置，并配备防抱制动装置失效时用于报警的信号装置。

条文释义

本条款是对营运客车装备防抱死制动装置的规定。

据统计，汽车突然遇到情况制动时，90%以上的驾驶者往往会一脚将制动踏板踩到底来个急刹车，这时的汽车十分容易产生纯粹性滑移并发生侧滑，即人们俗称的“甩尾”，这是一种非常容易造成车祸的现象。造成汽车侧滑的原因很多,例如行驶速度高,地面状况不良,轮胎结构不稳定等,但最根本的原因是汽车在紧急制动时,轮胎与地面的滚动摩擦会突然变为滑动摩擦,轮胎的抓地力几乎丧失,此时此刻驾驶员即使扭动转向盘也会无济于事。针对这种导致侧滑的根本原因,汽车专家早在20世纪60年代就研制出了车用ABS这套防滑制动装置。

《道路运输车辆综合性能要求和检验方法》(GB 18565—2016)规定:M_2类、M_3类客车应安装符合《机动车和挂车防抱制动性能和试验方法》(GB/T 13594—2003)规定的防抱制动装置,并配备防抱制动装置失效时用于报警的信号装置。

4.3.2 营运客车所有车轮应安装盘式制动器。

条文释义

本条款是对营运客车安装盘式制动器的规定。

目前,大部分的客车普遍装备的是鼓式制动器或前盘后鼓式制动器,在山区、长下坡工况使用时,由于鼓式制动器制动效能不够稳定、热衰退率高,容易因制动力不足或制动失效诱发交通安全事故。

与鼓式制动器相比,盘式制动器工作表面为平面且两面传热,圆盘旋转容易冷却,不易发生较大变形,制动效能较为稳定,长时间使用后制动盘因高温膨胀使制动作用增强;而鼓式制动器单面传热,内外两面温差较大,导致制动鼓容易变形,同时长时间制动后,制动鼓因高温而膨胀,制动效能减弱。另外,盘式制动器结构简单,维修方便,易实现制动间隙自动调整。气压盘式制动器如图2-7所示。

欧洲、美国、日本等发达国家和地区的客车都已不再装配鼓式制动器,盘式制动器是未来制动系统执行机构的发展趋势。故以提高我国营运客车安全技术水平、减少由制动系统结构不合理引发的道路交通事故

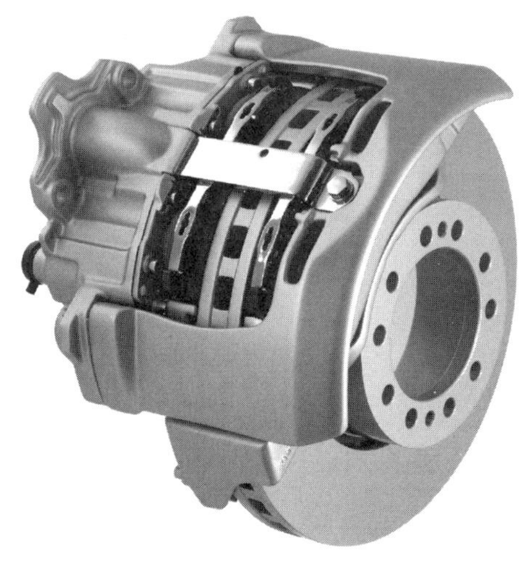

图 2-7　气压盘式制动器

为出发点，所有营运客车的所有车轮均应装备盘式制动器。

考虑到目前营运客车所有车轮装配盘式制动器的比例不高，特别是以农村客运为主的中巴车型技术比较落后（基本都还在装配鼓式制动器），为了给制动器生产企业在产品研发、生产，客车生产企业制动器匹配、整车认证留出相应的准备时间，该条款设置了实施过渡期。按照整体推进、分步实施的原则，先对载客量多、发生事故后影响面广、安全形势较为突出的大型营运客车（车长大于 9m ）作出要求：车长大于 9m 的营运客车安装盘式制动器的要求自 2018 年 4 月 1 日起对新生产车实施；其余营运客车安装盘式制动器的要求自 2019 年 4 月 1 日起对新生产车实施。

标准条文

4.3.3　营运客车所有的行车制动器应具备制动间隙自动调整功能。盘式行车制动器的衬片需要更换时，应采用声学或光学报警装置向在驾驶座上的驾驶员报警，报警信号符合 GB 12676 的要求。

条文释义

本条款是对营运客车行车制动器具备制动间隙自动调节功能的规定。

制动器间隙会随制动器衬片的磨损而增大，直接影响制动器起作用的时间，严重时会导致制动滞后，使制动距离延长，因而需要定期调整制动器间隙。本条款要求：营运客车所有的行车制动器应具备制动间隙自动调整功能。这与《商用车辆和挂车制动系统技术要求及试验方法》（GB

12676—2014)及《机动车运行安全技术条件》(GB 7258—2012)的相关要求保持一致。

行车制动器制动衬片的严重磨损直接影响车辆的制动效能,如不能及时发现并更换,容易引发追尾、碰撞等交通事故,因此需要经常性检查。考虑到有一些客车驾驶员缺乏保养常识、保养习惯和责任心不强,为了能主动提醒驾驶员及时更换制动衬片,防患于未然,故要求行车制动器制动衬片的磨损应采用自动报警的方式。目前盘式行车制动器磨损自动报警功能在高档客车中已广泛应用,技术比较成熟。

关于行车制动器摩擦部件磨损情况的检查,GB 12676—2014 的要求如下:行车制动器制动衬片的磨损应便于从车辆外部或车辆下部利用车辆正常配备的工具或设备进行检查,也可在衬片需要更换时采用声学或光学的报警装置向在驾驶座椅上的驾驶员报警,也可将 GB 12676—2014 中 4.2.1.28a)规定的黄色信号用作报警信号。

标准条文

4.3.4 车长大于 9m 的营运客车应装备缓速装置,其性能除应满足 GB 12676 规定的 IIA 型试验要求外,发动机缓速器、液力缓速器及电涡流缓速器装车性能还应分别满足 JT/T 889、JT/T 890 和 JT/T 721 的要求。

条文释义

本条款是对营运客车装备缓速装置的规定。

大型客车安装缓速装置,能够在长下坡、堵车频繁等制动工况下,减轻制动系统负荷,使制动效能保持长期的稳定,保障行车安全。本条款要求车长大于 9m 的营运客车应装备缓速装置,其性能应满足《商用车辆和挂车制动系统技术要求及试验方法(GB 12676—2014)规定的 IIA 型试验要求,与《机动车运行安全技术条件》(GB 7258—2012)的相关规定保持一致。

由于GB 12676—2014规定的IIA型试验要求为,应确保车辆满载试验时的能量输入等于相同时间内,满载车辆在7%的坡道上,以30km/h的平均速度行驶6km时所记录的能量。该工况为低速工况,与营运客车长下坡时的实际行驶速度差距较大,因此,本条款提出,对于目前应用较广的几种缓速器(发动机缓速器、液力缓速器和电涡流缓速器)还应满足相应的装车性能,即高速工况下的辅助制动性能应能满足相关标准的要求。

目前,主要的缓速器类型有发动机缓速器、电涡流缓速器和液力缓速器。《客车发动机缓速器装车性能要求和试验方法》(JT/T 889—2014)规定的试验工况为:如图2-8所示的发动机缓速器,应设置手动开关及相应的工作挡位,挡位设置不少于2个,且第一挡位控制的制动力矩不小于发动机缓速器最大制动力矩的50%。试验车辆以(50±5)km/h的速度匀速行驶,发动机缓速器单独制动到试验车辆速度下降20km/h时,平均减速度应不小于0.71m/s^2,或减速时间应不大于7.8s。《客车液力缓速器装车性能要求和试验方法》(JT/T 890—2014)规定的试验工况为:如图2-9所示的液力缓速器,应设置不同制动效能的工作挡位,且第一挡位控制的制动力矩应不大于液力缓速器最大制动力矩的50%。采用与行车制动系相结合的方式时,液力缓速器和行车制动器同步并以适当的工作挡位进行制动。液力缓速器制动不应滞后于行车制动器的制动。液力缓速器单独制动,试验车辆的速度自80km/h降至60km/h的平均减速度应不小于0.8m/s^2,不大于1.2m/s^2,或减速时间应不小于4.6s,不大于7.0s。《客车电涡流缓速器装车性能要求和试验方法》(JT/T 721—2008)规定的试验工况为:如图2-10所示的电涡流缓速器,应设置相应的工作挡位,且第一挡位控制的制动力矩应小于缓速器最大制动力矩的1/3。当采用与行车制动系相结合的方式,使缓速器和行车制动器同步或以适当的相位进行制动的控制形式时,缓速器制动不应滞后于行车制动器的制动。试验车辆在平坦路面上以 50km/h 的速度匀速行驶,缓速器单独制动到试验车辆将至 30km/h 的速度时,减速度应不小于 0.62m/s²,不大于 1.0m/s²,或减速时间应不小于 5.6s,不大于 9.0s。

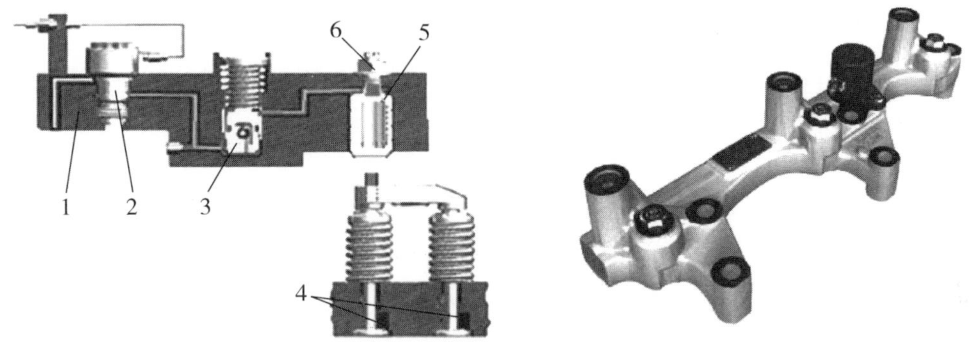

图 2-8 发动机缓速器

1-阀体;2-电磁阀;3-控制阀;4-排气阀;5-执行活塞;6-调整螺栓

图 2-9 液力缓速器

图 2-10 电涡流缓速器

4.3.5 采用气压制动的营运客车应安装气压显示装置、限压装置,并可实现报警功能。气压制动系统应安装保持压缩空气干燥、油水分离装置。

本条款是对营运客车气压制动的相关要求。

为便于驾驶员随时查看、知晓储气筒的压力,确保制动性能稳定,当储气筒的压力过高时能通过限压装置保持合理压力、当储气筒的压力过低时能及时报警并向驾驶员进行提醒,本条款要求:采用气压制动的营运客车应安装气压显示装置、限压装置,并可实现报警功能。这与《道路运输车辆综合性能要求和检验方法》(GB 18565—2016)的相关要求保持一致。

如果压缩空气中有水分,会引起制动系统气压不稳定,致使制动效能降低,特别是冬季,会引起制动管路结冰,导致制动系统失效。本条款还要求气压制动系应安装保持压缩空气干燥、油水分离装置,与《机动车运行安全技术条件》(GB 7258—2012)的相关规定保持一致。

标准条文

4.3.6　采用气压制动系统的营运客车制动储气筒内工作气压应大于或等于1000kPa。

条文释义

本条款是对营运客车气压制动压力的规定。

营运客车在高附着干燥路面,高速、全力状态下紧急制动时,有很大部分车辆出现ABS未循环的状态(即车辆制动器制动力不足以抱死车轮,ABS未达到调节状态),此时路面的附着力还没有达到极限最佳状态,车辆的制动性能还有增加的可能性。这种情况的出现有2种原因:制动器摩擦力不足或是制动管路压力不够。因此,在这种状态下,适当增加制动管路压力,有利于提高车辆在良好附着路面的制动效能。

长下坡工况下,特别是交通情况复杂、频繁制动时,需要储气筒有足够的压力储备,以确保制动系统的正常工作。

本条款要求采用气压制动系统的所有营运客车制动储气筒内工作气压应大于等于1000kPa。目前,在用营运客车的储气筒压力都在800kPa

左右。由于提升储气筒内工作气压涉及储气筒、阀类、管路、仪表、执行机构等部件的重新设计、研发、生产、匹配、认证,影响面广,因此设置了实施过渡期。采用气压制动系统的营运客车制动储气筒内工作气压应大于等于1000kPa的要求自2018年4月1日起开始对新生产车实施。

标准条文

4.3.7 营运客车应满足弯道制动稳定性要求。满载车辆在附着系数不大于0.5、车道中心线半径150m、宽3.7m的平坦圆弧车道上,以50km/h的初始车速进行全力制动的过程中,车辆应保持在车道内。

条文释义

本条款是对营运客车弯道制动稳定性的规定。

根据对近5年发生的重特大道路交通事故统计分析表明,近一半的重特大营运客车交通事故发生在弯坡路段,其中以车辆弯道制动稳定性差导致侧滑、摆头、甩尾、失控等现象引发车辆偏离车道为主要原因。因此,从提高营运客车弯道制动稳定性的角度考虑,提出了本条要求,并明确了相关试验方法。

目前,我国现行的标准尚未对弯道制动稳定性提出要求,只有现行的《商用车辆和挂车制动系统技术要求及试验方法》(GB 12676—2014)仅对车辆在直线工况下的制动稳定性作出了规定(车辆未偏离3.7m宽的试验跑道)。美国联邦机动车安全技术法规要求所有机动车进行弯道制动稳定性的试验,并依据制动系统类型分别满足《气压制动系统》(FMVSS 121)及《液压与电子制动系统》(FMVSS 105)相应的要求。目前,欧洲、日本客车安全技术法规尚无此方面的规定。按照"充分借鉴、吸收先进"的标准制定原则,本条款引入了美国联邦机动车安全技术法规FMVSS中的弯道制动稳定性试验方法及要求,并在标准制定过程中通过多辆样车的实际测试,验证了该试验项目的可行性。

由于美国联邦机动车安全技术法规 FMVSS 采用英制单位,为方便计算及操作,将换算过的公制单位数值进行了圆整[半径:500ft—152.4m—150m;车速:30mile/h—48.3km/h—50km/h]。

4.4　传动系

发动机前置后驱的营运客车,应有防止传动轴滑动连接(花键或其他类似装置)脱离或断裂等故障而引起危险的防护装置。

条文释义

本条款是对营运客车传动轴脱落保护装置的规定。

发动机前置后驱的营运客车传动轴较长,在行驶过程中,如果传动轴滑动连接(花键或其他类似装置)脱离或断裂,会引起传动轴端面与地面接触,支撑起车辆,造成车辆失稳或侧翻,继而引发事故。因此本条款要求:发动机前置后驱的营运客车,应有防止传动轴滑动连接(花键或其他类似装置)脱离或断裂等故障而引起危险的防护装置。这与《机动车运行安全技术条件》(GB 7258—2012)的相关规定保持一致。

4.5　行驶系

4.5.1　营运客车应装用无内胎子午线轮胎。

条文释义

本条款是对营运客车装用无内胎子午线轮胎的规定。

通过对近 5 年发生的道路交通事故统计分析数据表明,营运客车高速行驶时,车轮爆胎往往酿成重特大交通事故。因此,配置高安全性能的轮胎对于提升营运客车行车安全性至关重要。随着轮胎制造技术及工艺的长期演进,无内胎子午线轮胎已成为行业应用最广泛、安全等级最高的轮胎,它具有滚动阻力低、摩擦生热小、散热快等优点,其成本也已下降到市场能够普遍接受的范围。故本条款要求:所有营运客车应装用无内胎子午线轮胎。《机动车运行安全技术条件》(GB 7258—2012)规定:专用校车和卧铺客车应装用无内胎子午线轮胎,危险货物运输车辆及车长大于 9m 的其他客车应装用子午线轮胎。为提升营运客车整体安全技术水平,在 GB 7258—2012 规定的基础上,无内胎子午线轮胎装用要求扩展到所有营运客车。

标准条文

4.5.2 营运客车安装单胎的车轮应安装胎压监测系统或胎压报警装置,并能通过仪表台向驾驶员显示相关信息。

条文释义

本条款是对营运客车安装使用胎压监测或报警装置的规定。

轮胎充气压力值的大小对保障轮胎安全性非常重要,胎压过高易引起爆胎,胎压过低会增加行驶阻力、加剧轮胎磨损,导致轮胎早期损坏或其他故障。因此,在车辆行驶过程中有必要对轮胎气压进行实时监测,当胎压不正常时及时报警,提醒驾驶员检查并采取相应措施,以避免事故的发生。

目前有 2 种形式的胎压监测装置,分别为直接式胎压监测装置(图 2-11)和间接式胎压监测装置。

直接式胎压监测装置是利用安装在每一个轮胎里的压力传感器来直接测量轮胎的气压,利用无线发射器将压力信息从轮胎内部发送到中央接收器模块上,然后对各轮胎气压数据进行显示。当轮胎气压过低或过高时,系统会自动报警。

间接式胎压监测装置的工作原理是:当某轮胎的气压降低时,车辆的质量会使该轮的滚动半径变小,导致其转速比其他车轮快。通过比较轮胎之间的转速差别,以达到监视胎压的目的。间接式轮胎报警系统实际上是依靠计算轮胎滚动半径来对气压进行监测。

图 2-11　直接式胎压监测装置

这 2 种胎压监测装置各有优劣。直接式胎压监测装置可以提供更高级的功能,便于随时测定每个轮胎内部的实际瞬压,很容易确定故障轮胎。间接系统结构原理相对简单,如已经装备了 ABS 的车辆只需对软件进行升级,即可实现胎压监测功能。但是,间接式胎压监测装置准确率较低,不能定量的显示实际胎压,在某些情况下(例如同一车轴的 2 条轮胎气压都低时),该系统无法正常工作,同时该类型装置校准过程比较复杂。

为了方便驾驶员及时掌握胎压变化情况,本条款还要求胎压监测装置应能通过仪表台向驾驶员显示相关信息,以便于驾驶员及时采取相应的处置措施。

考虑到装双胎的车轮 2 条轮胎同时爆裂的可能性极低,安装胎压监测系统或胎压报警装置的必要性不强,从降低用户使用成本的角度出发,仅要求安装单胎的车轮应安装胎压监测系统或胎压报警装置。另外,国内还没有制定出商用车胎压监测系统或胎压报警装置的性能标准,故本条款仅对装置的安装作出要求,其他要求由企业技术文件具体规定。

为了给企业设计、研发、生产、匹配、认证留出时间,本条款实施过渡期,自 2018 年 4 月 1 日起对新生产车实施。

标准条文

4.5.3 车长大于9m的营运客车前轮应安装符合JT/T 782规定的爆胎应急安全装置,并能通过仪表台向驾驶员显示。

条文释义

本条款是对营运客车前轮安装爆胎应急安全装置的规定。

爆胎应急安全装置能够在车辆转向轮轮胎破裂失压后,使车辆的行驶方向继续可控,制动性能稳定有效。为了在发生前轮爆胎事故时,给驾驶员赢得宝贵的处置时间,避免事故的发生,本条款提出:车长大于9m的营运客车前轮应安装符合《营运客车爆胎应急安全装置技术要求》(JT/T 782—2010)规定的爆胎应急安全装置(图2-12),并能通过仪表台向驾驶员显示。为了给企业设计、研发、生产、匹配、认证留出时间,本条款实施过渡期,自2018年4月1日起对新生产车实施。

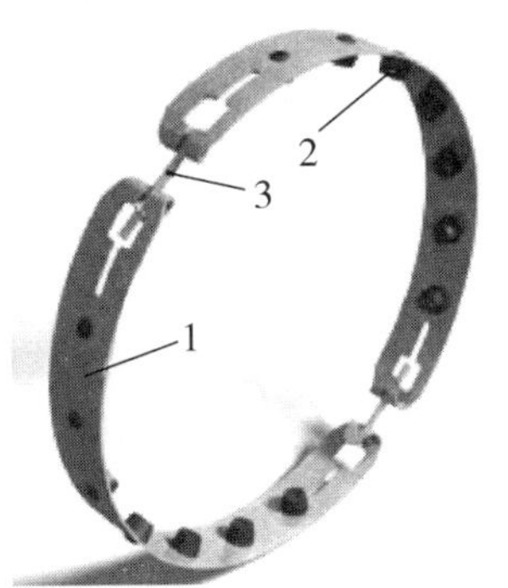

图2-12 爆胎应急安全装置

1-钢带;2-垫块;3-连接机构

标准条文

4.6 车身结构、强度、出口

4.6.1 上部结构强度

营运客车上部结构强度应符合GB 17578的规定。按GB 17578进行试验后,座椅的调整和锁止装置应能保持锁止状态,座椅与车辆固定件不应失效;以汽油为燃料的营运客车,其燃油箱不应发生泄漏。

条文释义

本条款是对营运客车上部结构强度的规定。

《客车上部结构强度要求及试验方法》(GB 17578—2013)仅对倾翻试验后乘客的生存空间作出了要求,只是保障车辆发生侧翻事故后乘客不会受到车身变形侵入物的伤害。

根据对典型侧翻事故现场状态分析发现,有些伤亡是由于座椅调整、锁止装置、车辆固定件失效导致乘客被抛甩、乘客间及乘客与座椅间相互撞击、挤压造成的,还有些伤亡是由于侧翻碰撞事故汽油箱燃油泄漏起火燃烧所致。因此,本条款在 GB 17578—2013 侧翻试验的基础上增加了几项检查项目,要求营运客车上部结构强度应符合 GB 17578—2013 的规定。按 GB 17578—2013 进行试验后,座椅的调整和锁止装置应能保持锁止状态,座椅与车辆固定件不应失效;以汽油为燃料的营运客车,其燃油箱不应发生泄漏。

标准条文

4.6.2　座椅及其车辆固定件强度

营运客车座椅及其车辆固定件强度应符合 GB 13057 的规定。按 GB 13057 进行试验后,将假人从约束系统中解脱时,约束系统在不使用其他工具情况下应能被正常打开。

条文释义

本条款是对营运客车座椅及固定要求的规定。

《客车座椅及其车辆固定件的强度》(GB 13057—2014)仅要求座椅及其车辆固定件的强度应满足动态试验的要求,对试验后安全带能否正常解锁没有作出规定。根据对典型碰撞落水类事故现场状态分析发现,有些伤亡是由于事故发生后安全带不能正常解锁,导致乘客无法逃生所致。因此,本条款在 GB 13057—2014 动态试验的基础上增加了检查项目,要求营运客车座椅及其车辆固定件强度应符合 GB 13057—2014 的规定。按 GB 13057—2014 进行试验后,将假人从约束系统中解脱时,约束系统在不使用其他工具情况下应能被正常打开。

4.6.3 出口

4.6.3.1 每个分隔舱的出口最少数量应符合表 2-7(注:标准原表号为表 1)的规定,但卫生间或烹调间不视为分隔舱。不论撤离舱口数量有多少,只能计为 1 个应急出口。

出口的最少数量 表 2-7

乘客及车组人员的数量(人)	出口的最少数量(个)
1 ~ 8	2
9 ~ 16	3
17 ~ 30	5
31 ~ 45	7
>45	8

条文释义

本条款是对营运客车出口数量的规定。

《客车结构安全要求》(GB 13094—2007)对分隔舱的定义为:在车辆行驶时可由乘客或车组人员使用的车内某一空间,该空间与相邻的乘员区相互隔离,但可有门或通道相通。对出口的定义为:车上供乘客从一个分隔舱到达车外或另一个分隔舱的开口,包括乘客门、通行楼梯、半楼梯和应急出口。对应急出口的定义为:在紧急情况下供乘客撤离到车外的出口,包括应急门、应急窗和撤离舱口。对撤离舱口的定义为:车顶或地板上用于乘客在紧急情况下撤离的开口,包括安全顶窗和地板出口。

为满足紧急情况下乘员疏散及车外救助的需要,提高应急撤离的能力及效率,出口数量较现行的 GB 13094—2007 有所增加。乘客及车组人员的数量为 17 ~30 人时,出口数量由 4 个调整为 5 个;乘客及车组人员的数量为 31 ~45 人时,出口数量由 5 个调整为 7 个;乘客及车组人员的数量为 46 ~60 人时,出口数量由 6 个调整为 8 个。另外,由于营运客车乘员人数不会超过 60 人,故将 46 ~60 档简化为 >45。

标准条文

4.6.3.2　车长大于9m 的营运客车右侧应至少配置2 个乘客门。后置发动机的营运客车后轮后方不应设置乘客门。

条文释义

本条款是对营运客车乘客门数量的规定。

本条款的前半部分:车长大于9m 的营运客车右侧应至少配置2 个乘客门,较《机动车运行安全技术条件》(GB 7258—2012)有所提高。GB 7258—2012 规定,车长大于 9m 的公路客车、旅游客车和未设置乘客站立区的公共汽车,应设置 2 个乘客门;但如其车身两侧所有应急窗均为外推式应急窗,也可只设 1 个乘客门。考虑到发生事故后,乘员第一反应是从乘客门逃生,因此有些碰撞事故可能导致乘客门损坏。由于 9m 以上的客车乘员较多,为满足事故发生后乘员快速疏散、撤离的需求,本条款要求无论车身两侧是否装用外推式应急窗,均应在车身右侧至少配置 2 个乘客门。

对于后置发动机的营运客车,如在后轮后方设置乘客门,当发动机热源部件失火时,由于乘客门距热源太近,在高温烘烤下,乘客门可能失效,无法开启;另外,当发动机舱起火后,坐在车厢后部的乘客会下意识的逃向车厢中前部的乘客门,后轮后方的乘客门逃生利用率低,起不到紧急情况下疏散、逃生有效出口的作用。因此,本条款要求后置发动机的营运客车后轮后方不应设置乘客门。

为满足本条款的要求,现有部分车长大于 9m 的营运客车车型需进行重新设计车身结构、更改车门布置,并进行试验认证、公告等流程。为给客车生产企业留出相应的准备时间,本条款设置实施过渡期,自 2018 年 4 月 1 日起对新生产车实施。

标准条文

4.6.3.3 车长大于 9m 的营运客车,无论车身左侧是否设置驾驶员门,均应在车身左侧设置符合 GB 13094 要求的应急门。

条文释义

本条款是对营运客车设置应急门的规定。

根据对典型侧翻事故现场状态分析发现,当营运客车向右侧侧翻时,右侧的乘客门基本都被路面或其他障碍物堵死,无法为外部救援或内部乘客疏散、逃生所利用,如果车身左侧设置有应急门,将有利于增加乘客逃生机会。而部分车型车身左侧的驾驶员门由于位置太靠前,与车厢通道间有障碍物阻挡,作为乘客逃生出口的作用有限,因此本条款要求:无论车身左侧是否设置驾驶员门,均应在车身左侧设置符合《客车结构安全要求》(GB 13094—2007)要求的应急门,如图 2-13 所示。按照整体推进、分步实施的原则,先对载客量多、发生事故后影响面广、安全形势较为突出的大型营运客车(车长大于 9m)作出

图 2-13 客车应急门

要求。

为满足本条款的要求，现有部分车长大于9m的营运客车车型需进行重新设计车身结构，更改车门布置，并进行试验认证、公告等流程。为给客车生产企业留出相应的准备时间，本标准设置了实施过渡期，自2018年4月1日起对新生产车实施。

标准条文

4.6.3.4 在紧急情况下，当营运客车静止或以小于等于5km/h的速度运行时，每扇动力控制乘客门无论是否有动力供应，都应能从车内打开，当车门未锁住时，也能通过应急控制器从车外打开。应急控制器应符合GB 13094的要求。

条文释义

本条款是对营运客车动力控制乘客门开启能力的规定。

为了在紧急情况下，保证动力控制乘客门能够正常开启，有利于外部救援及内部乘客疏散、逃生，需要对动力控制乘客门的开启条件与应急控制器的功能、作用进行再次强调，与《客车结构安全要求》（GB 13094—2007）的相关规定保持一致。

标准条文

4.6.3.5 操作乘客门应急控制器8s内应使乘客门自动打开或用手轻易打开到相应的乘客门引道量规能通过的宽度。

条文释义

本条款是对营运客车通过应急控制器开启乘客门的时间的规定。

在紧急情况下，为了使乘客门能够及时开启到有效宽度，保证乘客能够快速疏散、撤离，参照欧洲ECE R107法规的相关要求，对应急控制器控制乘客门开启时间及规定的开启宽度进行了规定。

标准条文

4.6.3.6 车长大于9m的营运客车,左右两侧应至少各配置2个外推式应急窗;车长大于7m且小于或等于9m的营运客车,左右两侧应至少各配置1个外推式应急窗。外推式应急窗应符合QC/T 1030的要求,其安全标志颜色应符合GB 30678的规定。

条文释义

本条款是对营运客车配置外推式应急窗的规定。

从国际上看,营运客车应用较多的应急窗有三种类型:可击碎玻璃式、外推式、推拉式。由于外推式应急窗具有操作方便、安全可靠、开启洞口大、通过性好等优势,美国、日本已在客车上进行大量推广使用。近年来,我国对外推式应急窗开展了相关研究,并制定了相应的技术标准《客车外推式应急窗》(QC/T 1030—2016)。因此,本条款要求营运客车应配置外推式应急窗(图2-14),其安全标志颜色应符合《客车用安全标志和信息符号》(GB 30678—2014)的规定,其他要求应符合QC/T 1030—2016的规定。

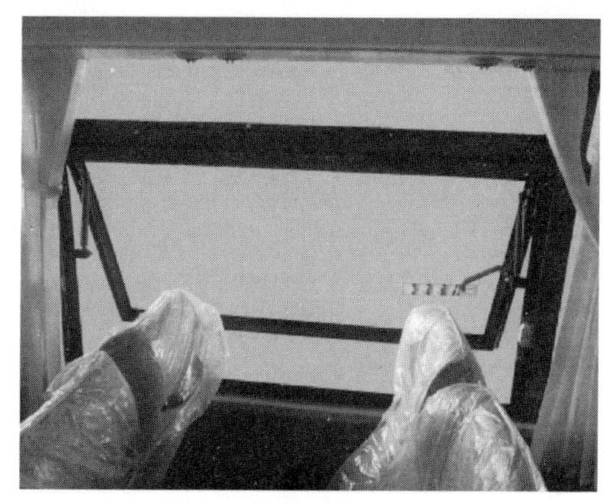

图2-14 外推式应急窗

车长不大于7m的客车,侧窗孔洞尺寸布置外推式应急窗较为困难,因此对此类车型的应急窗类型不做强制要求。

为满足本条款的要求,现有部分车长大于7m的营运客车车型需进行重新设计车身结构、更改车窗布置,并进行试验认证、公告等流程。为给客车生产企业留出相应的准备时间,本标准设置了实施过渡期:自2018年4月1日起对新生产车实施。

标准条文

4.6.3.7 未配置内外开启式尾门的营运客车后围,应配置1个外推式应急窗或击碎玻璃式应急窗。当配置击碎玻璃式应急窗时,其附近应配置具有自动破窗功能的装置,该装置的破窗功能应符合JT/T 1030的规定。最后一排乘客座椅头枕可设计为快速翻转式或可快速拆卸式,以满足其通过性符合GB 13094后围应急窗的要求。最后一排座椅安装非固定式头枕时,在乘客易见位置应有头枕操作方法的清晰说明。

条文释义

本条款是对营运客车后部逃生能力的规定。

营运客车发生交通事故后,如果车辆前后部设有应急出口,将极大方便外部救援和内部乘客逃生。由于车辆前围风窗玻璃为夹胶玻璃,无法设置应急出口,设置了内外开启式尾门的营运客车可开启尾门快速逃生,对未配置内外开启式尾门的营运客车,本条款规定后围应配置1个外推式应急窗或击碎玻璃式应急窗。

《客车结构安全要求》(GB 13094—2007)要求客车后围应急窗的面积应能内接一个高350mm、宽1550mm的矩形,由于后围应急窗尺寸较大,设置为外推式比较困难,所以也允许采用击碎玻璃式。当采用击碎玻璃式应急窗时,为了保证紧急情况下应急窗能被击碎,要求其附近应配置冗余的击窗工具,即除手动操作的应急锤外,还应配置具有自动破窗功能的装置。装置的破窗功能应符合《客车电磁击窗器》(JT/T 1030—2016)的规定,即破窗功能满足:接通电源后,启动控制开关,应在1s内有效击破应急窗钢化玻璃,产品还应具有手动操作击窗功能,能够反复使用。产品的手动击窗应带有报警装置,当启动手动击窗时,报警装置应发出声响报警。产品击窗后,产品冲击头应无变形和脱落,壳体各连接处无裂纹及松脱现象。

考虑到有部分营运客车后排座椅位置较高,座椅头枕遮挡了部分应急窗,使应急窗的通过性满足不了 GB 13094—2007 规定的后围应急窗尺寸要求。在这种情况下,允许最后一排乘客座椅头枕可设计为快速翻转式或可快速拆卸式,以满足其通过性符合 GB 13094—2007 后围应急窗的要求。另外,最后一排座椅安装非固定式头枕时,为了方便紧急情况下,乘客快速移除遮挡应急窗的头枕,应在乘客易见位置设有头枕操作方法的清晰说明。

为提升本条款的可操作性,现有部分营运客车车型需进行重新设计车身结构、座椅头枕固定形式,并进行试验认证、公告等流程,为给客车生产企业留出相应的准备时间,设置了实施过渡期:自 2018 年 4 月 1 日起对新生产车实施。

标准条文

4.6.3.8 车长大于9m 的营运客车,应至少配置 2 个安全顶窗;车长大于 7m 且小于或等于 9m 的营运客车,应至少配置 1 个安全顶窗。开启式安全顶窗应符合 GB/T 23334 的要求。

条文释义

本条款是对营运客车安全顶窗的规定。

《机动车运行安全技术条件》(GB 7258—2012)及《客车结构安全要求》(GB 13094—2007)规定:车长大于 7m 的客车应设置撤离舱口。撤离舱口包括安全顶窗和地板出口。考虑到地板出口很难布置,因此把撤离舱口统一要求为安全顶窗。

GB 13094—2007 对撤离舱口数量的配置要求是以乘员数量进行划分的。当乘员数量≤50 时,至少配置 1 个撤离舱口;当乘员数量 >50 时,至少配置 2 个撤离舱口。据初步统计,乘员数量 50 人以上客车车长在 11m 以上,为增加乘客紧急情况下有效疏散和逃生,本条款要求:车长大于9m的营运客车,应至少配置2个安全顶窗。由于7～9m的客车顶部布置空间有限,对此类车型要求与GB 13094—2007保持一致,应至少配置1个安全顶窗。

GB 13094—2007规定的安全顶窗有三种类型:铰接式(图2-15)、击碎玻璃式(图2-16)及弹射式。对于铰接式及弹射式安全顶窗性能应符合《开启式客车安全顶窗》(GB/T 23334—2009)的要求。

图2-15 铰接式安全顶窗

图2-16 击碎玻璃式安全顶窗

为满足本条款的要求,现有部分营运客车车型需进行重新设计车身结构、并进行试验认证、公告等流程,为给客车生产企业留出相应的准备时间,设置了实施过渡期:自2018年4月1日起对新生产车实施。

标准条文

4.6.3.9 营运客车应急窗附近应安装符合QC/T 1048要求的应急锤,应急锤取下时应能通过声响信号实现报警。

条文释义

本条款是对营运客车配置应急锤的规定。

近五年发生的重特大道路交通事故表明,应急锤对切实改善营运客车应急逃生通道条件,提升乘员应急逃生能力,减少道路交通事故次生伤亡具有重要的现实意义。而且应急锤相对其他安全设备,具有成本较低、使用人员要求低、操作方便、便于实施等优点。但是,在应急锤市场也存在质量参差不齐、实际破窗效果不好等问题,严重影响乘客紧急逃生。因此,本条款要求所有应急窗(包括外推式、推拉式、击碎玻璃式)附近均应安装符合《客车应急锤》(QC/T 1048—2016)要求的应急锤。

QC/T 1048—2016 不仅对应急锤材料、硬度、锥度等方面进行了全面规范,对应急锤取下时声响报警信号强度也提出了要求,以警示乘客非紧急状态不要触碰或取下应急锤。

标准条文

4.6.3.10 驾驶员座位附近应配置 1 个应急锤。若配置动力控制乘客门,设置易于驾驶员操作的乘客门应急开关;若配置自动破窗器,应设置自动破窗器开关。

条文释义

本条款是对营运客车驾驶员附近配置应急锤的规定。

驾驶员作为车内乘员中最了解车辆结构、最具事故处置经验的人,应该为其配置足够多的救助工具及手段,在紧急情况下指挥、协助乘客快速疏散、逃生。因此,要求驾驶员座位附近配置 1 个应急锤。对于配置了动力控制乘客门的营运客车,应在驾驶员座位附近设置应急开关。如果车内配置了自动破窗器,还应在驾驶员座位附近设置自动破窗器开关。发生事故时,确保驾驶员能够第一时间操纵相关应急装置,打开应急逃生通道。

标准条文

4.6.3.11 营运客车踏步区不应设置座椅。通道中不应设置折叠座椅。应急门引道宽度应符合 GB 13094 的规定,应急门引道处前排的座椅靠背应不可调节。

条文释义

本条款是对营运客车通道不得设置座椅的规定。

营运客车踏步区若设置座椅和通道中设置折叠座椅，由于其安全防护设施不健全，导致其乘员的安全防护得不到有效保障，同时也一定程度影响了通道的通过性能，降低了乘客紧急疏散、撤离的效率。因此要求营运客车踏步区不应设置座椅，通道中不应设置折叠座椅。

应急门引道为通道与应急门之间的通过空间。为了保证应急门在紧急时刻发挥出应急出口的快速逃生作用，应急门引道宽度应符合《客车结构安全要求》(GB 13094—2007)的规定。另外，如果应急门引道处前排的座椅靠背调节角度过大，侵入到应急门引道区域，紧急情况下也会阻碍乘客的疏散、逃生。因此，从规范客车生产企业的产品设计、生产，以及方便道路运输管理部门监督管理角度出发，要求应急门引道处前排的座椅靠背应不可调节。

4.7　安全防护装置

4.7.1　营运客车应装备单燃油箱，且单燃油箱的额定容量应小于或等于260L，并满足如下要求：

a)燃油箱应固定牢靠，其安装位置应使其在车辆前、后碰撞事故中受到车身结构的保护。燃油箱任何部位距车辆前端应不小于600mm(对于发动机后置的营运客车，其燃油箱前端面应位于前轴之后)，距车辆后端应不小于300mm；

b)燃油箱侧面未受到车身纵梁保护的营运客车，应安装侧面防护装置。燃油箱侧面防护装置应能对燃油箱起到可靠的侧面防护作用并满足如下静强度试验要求：

1)通过高度250mm、宽度200mm的加载装置对燃油箱侧面防护装置

施加静载荷;

2)载荷加载中心高度距离地面500mm,加载点分别位于燃油箱侧面防护装置的两端及其正中间部位;

3)各加载点水平载荷大小均为25kN(B级营运客车为相当于车辆最大总质量的12.5%);

4)加载顺序为先进行两端位置加载,然后进行中间部位加载;

5)试验过程中及试验后,防护装置的任何部件不应与燃油箱本体发生接触。

条文释义

本条款是对营运客车燃油箱及防护要求的规定。

目前,大客车普遍采用双燃油箱的结构,油箱间通过软管连接,当客车的燃油箱附近部位受到撞击时,油箱软连接处容易泄漏,存在安全隐患。2016年发生的湖南郴州"6·26"特大事故就是一起因双燃油箱连接软管在车辆撞击后断裂,导致燃油泄漏并起火燃烧的典型案例。该事故导致35人死亡,13人受伤。因此,本条款对营运客车的燃油箱结构形式进行要求,规定营运客车应采用单燃油箱结构。

燃油箱的额定容量越大,单次加油后行驶里程越长、运营效率越高。但发生事故后,由于燃油箱储油较多,燃油箱损坏后燃油泄漏量大,易引发或加剧次生事故造成的伤亡。同时,考虑到燃油加注站点较多,加油方便,燃油箱的额定容量则需在满足运输需求和保障安全性上找到一个平衡点。经测算,现有营运客车耗油量最大的车型百公里油耗在30L左右,260L的燃油能够满足长途客运班线单程不加油的运营需求。

如果燃油箱固定不牢靠,或者与车辆前后端距离太小,容易在正面碰撞和追尾事故中受到损坏,造成燃油泄漏,甚至引发燃烧事故。因此,有必要对燃油箱的固定要求和安装位置进行再强调,并与《机动车运行安全技术条件》(GB 7258—2012)保持一致。

对于燃油箱侧面未受到车身纵梁保护的营运客车,本条款要求应安装侧面防护装置,保护车辆受到侧面碰撞时燃油箱的安全。燃油箱侧面防护装置的试验方法及要求参照《汽车和挂车后下部防护要求》(GB 11567.2—2001):通过高度250mm、宽度200mm的加载装置对燃油箱侧面防护装置施加静载荷。载荷加载中心高度距离地面500mm,加载点分别位于燃油箱侧面防护装置的两端及其正中间部位。各加载点水平载荷大小均为25kN(B级营运客车为相当于车辆最大总质量的12.5%)。加载顺序为先进行两端位置加载,然后进行中间部位加载。试验过程中及试验后,防护装置的任何部件不应与燃油箱本体发生接触。

本条款中关于装备单燃油箱、燃油箱额定容量及侧面防护装置的要求,因现有部分营运客车车型需进行重新设计车身结构、更改燃油箱布置方式,研发燃油箱并进行试验认证、公告等流程,为给客车生产企业留出相应的准备时间,本标准设置了实施过渡期,自2018年4月1日起对新生产车实施。燃油箱安装位置受车身前后端保护的要求,现行的GB 7258—2012已作出规定,故本标准不设置实施过渡期。

标准条文

4.7.2　营运客车CNG、LNG、LPG燃气专用装置的安装要求应符合GB 7258的规定,CNG、LPG燃气专用装置的安装要求还应符合GB 19239的规定。加气口、控制仪表和阀件应设置安全防护装置。

条文释义

本条款是对营运客车燃气专用装置的安装及防护的规定。

《机动车运行安全技术条件》(GB 7258—2012)对客车CNG、LNG、LPG燃气专用装置的布置、供气系统安全保护措施、管路结构与密封性、安装固定、通风性等通用安装要求作出了定性规定。另外,《燃气汽车专用装置的安装要求》（GB 19239—2013）对 CNG、LPG 燃气专用装置的系统泄漏、密封性、气瓶安装强度、加气口安全强度的试验方法及要求做了具体规定，因此 CNG、LPG 燃气专用装置还应满足 GB 19239—2013 的要求。本条款对营运燃气客车的安全性进行了再次强调，具体要求与现有标准保持一致。

为了防止非专业人员随意触碰加气系统，或降低加气系统受到意外轻微剐碰时而导致燃气系统松动、泄漏等安全隐患，本条款在现有已执行要求的基础上，增加了对加气口、控制仪表和阀件处设置安全防护装置进行遮挡的要求。

4.7.3　营运客车所有座椅均应装备符合 GB 14166 规定的安全带，其固定点应符合 GB 14167 的规定。驾驶员座椅、前排乘客座椅、驾驶员和乘客门后第一排座椅、最后一排中间座椅及应急门引道后方座椅，装备的安全带应为三点式。

条文释义

本条款是对营运客车配备安全带的规定。

安全带被誉为驾乘人员的“生命带”。当高速行驶的汽车发生碰撞或遇到意外紧急制动时，将产生巨大的惯性力，这个惯性力可能超过驾驶员体重的 20 倍（视行车速度及撞击程度有所不同），使驾驶员及乘客与车内的转向盘、风窗玻璃、座椅靠背、车门等物体发生碰撞，极易对驾乘人员造成伤害，甚至将驾乘者抛离座位或抛出车外。

汽车安全带的作用就是在车辆发生碰撞或紧急制动时，预紧装置瞬间收束，绷紧佩带时松弛的安全带，将乘员牢牢地固定在座椅上，防止发生二次碰撞。一旦安全带的收束力度超过一定限度，限力装置就会适当放松安全带，保持胸部受力稳定。因此，汽车安全带起着约束位移和缓冲作用，吸收撞击能量，化解惯性力，避免或减轻驾乘人员的受伤程度。汽车事故调查表明，如果系好安全带，在发生正面撞车时，可使死亡率减少57%，侧面撞车时可减少44%，翻车时可减少80%。

车速较高时，人们普遍认可安全带的作用，但城市道路上交通相对拥挤，交通阻塞时有发生，行车速度较低，很多驾驶员容易产生麻痹心理，认为车速低不需要系安全带。事实上，即使车辆在较低的速度下行驶，若发生碰撞或紧急制动，惯性仍然会使车内乘员与转向盘、风窗玻璃等设施发生二次碰撞，对其身体造成损害。

经研究表明，在我国有90%的驾乘人员没有自觉系安全带意识和习惯。安全带失灵是导致道路交通死亡事故发生的第三大原因，仅次于超速行驶和酒后驾驶。据统计，在美国每年有超过1万名驾驶员因为使用安全带而保住性命，在欧洲安全带每年挽救5500个欧洲人的生命。不系安全带的确不是聪明的选择。

在《机动车乘员用安全带、约束系统、儿童约束系统和ISOFIX儿童约束系统》（GB 14166—2013）标准中对汽车安全带总成及组成部件（织带、带扣、卷收器、预紧装置）的安装位置、强度、操作使用等方面提出了要求。《机动车安全带固定点、ISOFIX固定点系统及上拉带固定点》（GB 14167—2013）对不同型式和位置的汽车安全带固定点及上拉带固定点的数量、位置和强度提出了要求。

三点式安全带相比于两点式安全带，在车内特定位置座椅对乘员的约束与安全保护具有优势。如对于座椅前面没有软体材料防护的驾驶员座椅、前排乘客座椅、驾驶员和乘客门后第一排座椅、最后一排中间座椅等，由于三点式安全带能较好地约束乘员上半身在急剧碰撞条件下的运动，可较好地保护乘员上半身免受车辆碰撞时的二次伤害。另外，为了充分保障应急门引道后方乘客的安全，紧急情况下提醒、协助其他乘客疏散、逃生，要求此位置装备的安全带也为三点式，如图2-17所示。

由于目前B级营运客车只是在驾驶员座椅、前排乘客座椅处配置了三点式安全带，驾驶员和乘客门后第一排座椅、最后一排中间座椅及应急门引道后方座椅装备三点式安全带需对安全带卷收器的安装方式及位置进行设计，为给客车生产企业设计开发、试验验证、公告申报留出准备时间，本标准设置了实施过渡期：B级营运客车驾驶员和乘客门后第一排座椅、最后一排中间座椅及应急门引道后方座椅装备三点式安全带的要求自2017年10月1日起对新生产车实施。

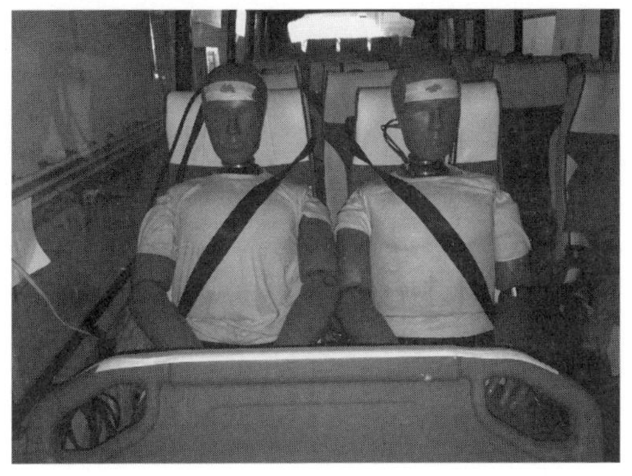

图2-17 大客车三点式安全带

标准条文

4.7.4 营运客车在车内乘客易见位置应设置安全带佩戴提醒标识。应装备乘客安全带佩戴提醒装置，当乘客未按规定佩戴安全带时，对乘客至少应有声学信号报警。

条文释义

本条款是对营运客车具备安全带佩戴提醒功能的规定。

目前，在营运客车运行管理实践中对安全带佩戴使用出台了多项管理要求和措施，如发车前播放"安全带—生命带"宣传片、安全告知视频，将安全带佩戴与否作为客车出站的重要检查内容之一。但是，在日常的检查中发现，大部分乘客在行车过程中仍自行解除安全带，在很多事故调查中也发现有部分乘客因未佩戴安全带被甩出车外致死的情况。在当前乘客安全意识不强、自觉佩戴安全带的习惯尚未养成的情况下，有必要通过标识引导提醒和通过声学信号报警提示乘客在车辆运行过程中系好安全带。本条款在《机动车运行安全技术条件》(GB 7258—2012)仅要求为驾驶员安装汽车安全带佩戴提醒装置的基础上,扩大至所有乘员。

声学报警方式避免了视觉报警的局限,具有干扰强度大、警示效果好等优点,同时便于乘客间互相提醒与监督,具有较好的约束效果。这种强制的措施能让安全带不会成为摆设,实实在在起到紧急情况下保护乘客安全的"生命带"作用。

考虑到营运客车所有座椅都装备安全带佩戴提醒装置,需重新设计座椅附件、布置车内线束,对整车的电磁兼容性能进行试验认证等工作,为给客车生产企业留出相应的准备时间,本标准设置了实施过渡期,自2018 年 4 月 1 日起对新生产车实施。

标准条文

4.7.5　营运客车发动机舱内和其他热源附近的线束应采用耐温不低于 125℃的阻燃电线,其他部位的线束应采用耐温不低于 100℃的阻燃电线,波纹管阻燃特性应满足 GB/T 2408 规定的 V－0 级。线束穿孔洞时应装设阻燃耐磨绝缘套管。

条文释义

本条款是对营运客车线束耐热性、阻燃性的规定。

发动机舱内及其他热源附近由于温度较高,其周围的线束、波纹管等塑料材质部件长期在高温环境工作。如果材料的耐热性、阻燃性不够,不仅容易加剧这些部件的老化、失效,而且可能容易导致线路短路,增加车辆燃烧事故发生的可能性。

因此,有必要对处于高温恶劣环境下的线束、波纹管等材料的耐温性能、阻燃特性作出要求。本条款与《道路运输车辆综合性能要求和检验方法》(GB 18565—2016)的相关规定保持一致。

4.7.6 营运客车用内饰材料性能应符合 JT/T 1095 的规定。

本条款是对营运客车内饰材料性能的规定。

内饰材料的阻燃特性直接影响车辆起火后的燃烧速度、人员逃生时间,直接决定乘员生命财产安全。阻燃特性差的内饰材料燃烧速度过快,乘客应急逃生时间不足,并释放大量有毒有害气体,极短的时间内便可导致乘员窒息,从而失去自救能力,增加人员伤亡数量。

本条款的引用要求依据最新标准《营运客车内饰材料阻燃特性》(JT/T 1095—2016)的规定。该标准是目前国内客车内饰材料阻燃性要求最为严格的标准,标准在燃烧评价项目、客车内饰材料种类等方面相比之前标准均有较大的提高。该标准不仅对客车内饰材料在水平燃烧、垂直燃烧、氧指数、烟密度等级有所要求,而且对铺地材料,保温、隔热、降噪、减振材料等方面也增加了燃烧性能等级、产烟特性等级、烟气毒性等试验项目,而且水平燃烧和氧指数的要求有所提高。

另外,《营运客车内饰材料阻燃特性》(JT/T 1095—2016)标准中对内饰材料燃烧特性的要求,相比欧洲法规《用于某些类型机动车辆内部结构的材料的燃烧特性和/或燃料或润滑材料性能的统一技术规定》(ECE R118)、美国联邦标准《汽车内饰材料的燃烧特性》(FMVSS 302)和日本道路机动车安全法规《机动车内饰材料阻燃特性技术要求》(11-3-27)中相关指标的要求,亦为全世界客车内饰材料阻燃性最为苛刻的标准。

4.7.7 装备电涡流缓速器的营运客车,安装部位的上方应装具有阻燃性的隔热装置,并应加装温度报警系统。

条文释义

本条款是对营运客车装备电涡流缓速器的规定。

电涡流缓速器利用电磁感应的原理,通过转子切割定子产生的磁力线,从而在转子盘内部产生涡旋状的感应电流,定子就会向转子施加一个阻碍转子旋转的电磁力,从而产生制动力矩的效果。由此,车辆的动能通过电涡流缓速器产生电流并最终通过缓速器本身将电能转换成热能散发出去。因此,在电涡流缓速器较长时间工作时,不仅容易导致缓速器本身的制动效能下降,而且缓速器本身的温度也会急剧上升,当电涡流缓速器温度过高并向车身内饰材料传导热量时,容易导致车辆发生自燃、失火等安全隐患。电涡流缓速器高温报警系统对于驾驶员监控缓速器工作状态,及时发现缓速器安全隐患并采取相应的措施(停车疏散乘客、检查扑灭火源等),争取逃生时间,减少客车事故意义重大。

因此,需对电涡流缓速器周围环境进行物理隔离,并安装温度报警系统,实时监控该热源区的温度变化情况。

标准条文

4.7.8　营运客车在设计和制造上应保证发动机或采暖装置的排气不会进入客舱,营运客车应有通风换气装置。

条文释义

本条款是对营运客车确保空气质量的规定。

客车车内空气质量不仅影响乘员乘坐的舒适性,而且影响乘员身体健康,而发动机、车载采暖装置排放的尾气中含有大量 NO_x、HC 等对人体有害的物质。本条款的目的是强调营运客车保障乘员健康和生命安全的要求,并与标准《道路运输车辆综合性能要求和检验方法》(GB 18565—2016)的相关要求保持一致。

4.7.9 营运客车应装备至少2个停车楔(如三角垫木)。

本条款是对营运客车确保停车安全的规定。

停车楔在减少坡道停车溜车、湿滑路面停车起步等工况下引发的车辆事故具有重要的实际意义,同时也是车辆检查、检修时确保车辆停止的可靠、实用且非常重要的工具。因此,本条款要求营运客车应装备至少2个停车楔(如三角垫木)。

第五节 标准实施的过渡期要求

5 标准实施的过渡期要求

5.1 以下要求自本标准实施之日起第7个月开始对新生产车实施:

——4.1.6 关于视频监控系统的要求;

——4.7.3 关于B级营运客车驾驶员和乘客门后第一排座椅、最后一排中间座椅及应急门引道后方座椅应装备三点式安全带的要求。

5.2 以下要求自本标准实施之日起第13个月开始对新生产车实施:

——4.1.2 关于行李舱的要求;

——4.1.4 关于车高大于3.7m的营运客车和总质量不大于3500kg的营运客车装备电子稳定性控制系统的要求;

——4.1.5 关于车道偏离预警系统(LDWS)和自动紧急制动系统(AEBS)的前撞预警功能的要求;

——4.3.2　关于车长大于9m的营运客车安装盘式制动器的要求；

——4.3.6　关于制动储气筒工作气压的要求；

——4.5.2　关于胎压监测系统或胎压报警装置的要求；

——4.5.3　关于爆胎应急安全装置的要求；

——4.6.3.2　关于乘客门数量及位置的要求；

——4.6.3.3　关于应急门的要求；

——4.6.3.6　关于外推应急窗数量的要求；

——4.6.3.7　关于后围应急窗的要求；

——4.6.3.8　关于安全顶窗的要求；

——4.7.1　关于装备单燃油箱、燃油箱额定容量及侧面防护装置的要求；

——4.7.4　关于装备乘客安全带提醒装置的要求。

5.3　以下要求自本标准实施之日起第25个月开始对新生产车实施：

——4.1.4　关于车高不大于3.7m的营运客车和总质量大于3500kg的营运客车装备电子稳定性控制系统的要求；

——4.1.5　关于车长大于9m的营运客车装备自动紧急制动系统（AEBS）的其他功能的要求；

——4.3.2　关于车长不大于9m的营运客车装备盘式制动器的要求。

条文释义

本条款是对相关条款过渡实施的规定。

结合客车产品设计开发、试验验证、产品申报周期等因素，对标准中的19项条款的实施设置了相应的过渡期，并已在相关条款释义中一一阐述。

第六节 附录A《营运客车电子稳定性控制系统性能要求及试验方法》

附录A (规定性附录)营运客车电子稳定性控制系统性能要求及试验方法

A.1 概述

本附录规定了营运客车电子稳定性控制系统的性能要求及试验方法。

A.2 性能要求

A.2.1 车道保持能力。车辆分别以恒定的初始参考车速和参考车速进行连续4次J-转向试验时,4次试验中至少有两次试验满足车轮不偏离车道的要求。初始参考车速和参考车速的确定按A.6.3.1方法进行。

A.2.2 发动机扭矩减小量。按A.6.3.2进行试验时,在连续4次试验中,至少应有两次能满足以下要求:

a)车辆进入弯道后1.5s至车辆离开弯道过程中,至少有连续0.5s的时间,发动机输出扭矩与驾驶员需求扭矩相比至少降低10%;

b)任何车轮不应偏离车道。

A.2.3 防侧翻控制能力。按A.6.3.3进行试验时,在连续8次试验过程中,车辆以相同车速进入弯道,应至少6次能满足以下要求:

a)车辆进入弯道后3s时刻,车速不应超过47km/h;

b)车辆进入弯道后4s时刻,车速不应超过45km/h;

c)任何车轮不应偏离车道;

d)ESC激活行车制动。

条文释义

A.2 为性能要求部分,包含车道保持能力、发动机扭矩减少量、防侧翻控制能力试验项目的具体技术要求。

A.3 ESC 故障监测

A.3.1 车辆应安装 ESC 工作指示灯,且处于驾驶员前方视野范围内。当车辆存在任何影响 ESC 系统正常工作的故障时,该指示灯点亮。

A.3.2 除 A.3.4 和 A.3.7 外,当故障存在时,只要车辆点火启动系统处于“On”挡,ESC 故障指示灯应持续点亮。

A.3.3 ESC 故障指示应用带有“电子稳定控制系统故障”或“ 或 ”符号显示。

A.3.4 当点火启动系统置于“On”位置但发动机未运行,或当点火启动系统处于“On”和“Start”之间、制造商指定的检查位置时,ESC 故障指示作为功能显示应激活。

A.3.5 当点火启动系统处于锁定状态时,ESC 故障指示不必启动。

A.3.6 当故障清除后,车辆点火启动系统再次启动时,ESC 故障指示灯应熄灭。

A.3.7 制造商也可采用 ESC 故障指示灯的闪烁模式来提示 ESC 的工作状态。

条文释义

A.3 为 ESC 故障监测的技术要求,是为了在系统发生任何影响到 ESC 控制或响应信号产生或传输的故障时向驾驶员报警。具体要求与《轻型汽车电子稳定性控制系统性能要求及试验方法》(GB/T 30677—2014)类似。

标准条文

A.4 试验条件

A.4.1 环境条件

A.4.1.1 环境温度为2℃ ~40℃。

A.4.1.2 最大风速不应超过5m/s。

A.4.2 试验路面

A.4.2.1 试验应在干燥、均匀、坚实的路面上进行,且路面表面峰值附着系数至少为0.9。

A.4.2.2 试验路面应为单一坡度且坡度不大于1%。

A.4.2.3 J-转向试验场地应满足以下要求:

a)试验车道中心线包括22.9m的直线和半径为45.7m、角度为120°的圆弧,直线与圆弧起始点相切,如图2-18(注:标准原图号为A.1)所示;

b)直线段车道宽为3.7m,弯道车道宽为4.3m;

c)J-转向试验应逆时针和顺时针方向分别进行。

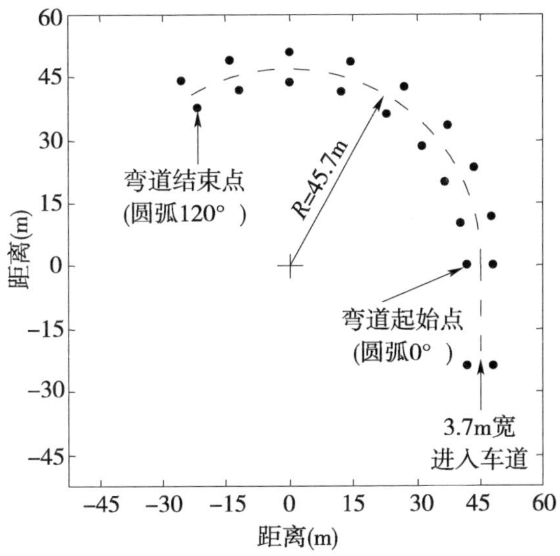

图2-18 J-转向试验车道(逆时针方向)示意

条文释义

A.4 为试验条件,包含环境条件及试验路面条件的具体要求。

A.5　车辆条件

A.5.1　除 ESC 故障试验外,对于所有其他试验,ESC 系统都应开启。

A.5.2　车辆满载,且乘员座椅按 68kg/座进行加载,其他载荷均匀分布于行李舱(无行李舱时,均布于地板上),载荷应固定牢靠防止滑动,且满足轴荷分配要求。车辆应尽量配备防翻架,且防翻架最大设计质量不应超过 1134kg,不包括安装夹具。

A.5.3　试验过程中,变速器挡位处于适当前进挡位;对于装备驾驶员控制的发动机辅助制动装置的车辆,试验过程中应确保发动机辅助制动装置关闭。

A.5.4　轮胎气压为车辆制造商推荐的满载充气压力。

A.5.5　最热制动器的初始制动温度应在 66℃ ~204℃。

条文释义

A.5 为车辆条件要求,对 ESC 的开启状态、车辆载荷、防翻架安装、轮胎气压、制动器温度都作出了具体要求。为保证试验的安全性、多次试验的一致性及试验数据的重现性,推荐由驾驶机器人操作车辆进行试验。

A.6　试验方法

A.6.1　轮胎磨合

车辆以 0.1g 左右的侧向加速度绕半径为 45.7m 的圆行驶,顺时针、逆时针各行驶两圈。

A.6.2 制动器磨合和温度

A.6.2.1 制动器磨合应按以下要求进行:

a)变速器挡位置于车速 32km/h ~ 64km/h 正常行驶的最高合适挡位,车辆以 0.3g 的减速度进行 64km/h ~ 32km/h 的重复制动,每次制动间隔 1.6km,共 500 次;

b)在进行 A.6.3 中的性能试验时,制动器应按上述方法进行 40 次磨合。

A.6.2.2 最热制动器的温度。在进行各项试验时,若最热制动器的温度超过 204℃,则需进行冷却,直到温度范围位于 66℃ ~204℃;若温度低于 66℃,则需重复制动来增加制动器温度使温度处于 66℃ ~204℃。

A.6.3 J-转向试验

A.6.3.1 参考车速确定

参考车速的确定按以下方法进行:

a)初始参考车速的确定。采用逐次增加车速的方法分别进行顺时针和逆时针两个方向的 J-转向试验。两个方向的试验车速均从 32km/h ±1.6km/h 开始,恒速通过弯道,而后以 1.6km/h 的间隔逐次递增,直到 ESC 激活行车制动或车轮偏离车道为止。在试验过程中,若车轮偏离车道,需以同样车速重复进行试验。如果车轮再次偏离车道,则以同样车速(偏差 ±1.6km/h)再连续进行 4 次试验。ESC 激活行车制动前 0.5s 时间内的平均车速或车轮偏离车道时的车速即为初始参考车速,圆整至 1km/h。

条文释义

初始参考车速确定的试验流程如图 2-19 所示:

其中,条件 1 为:车道保持。车轮在试验过程中须保持在车道内。条件 5 为:ESC 行车制动应处于激活状态。ESC 系统工作并使任意行车制

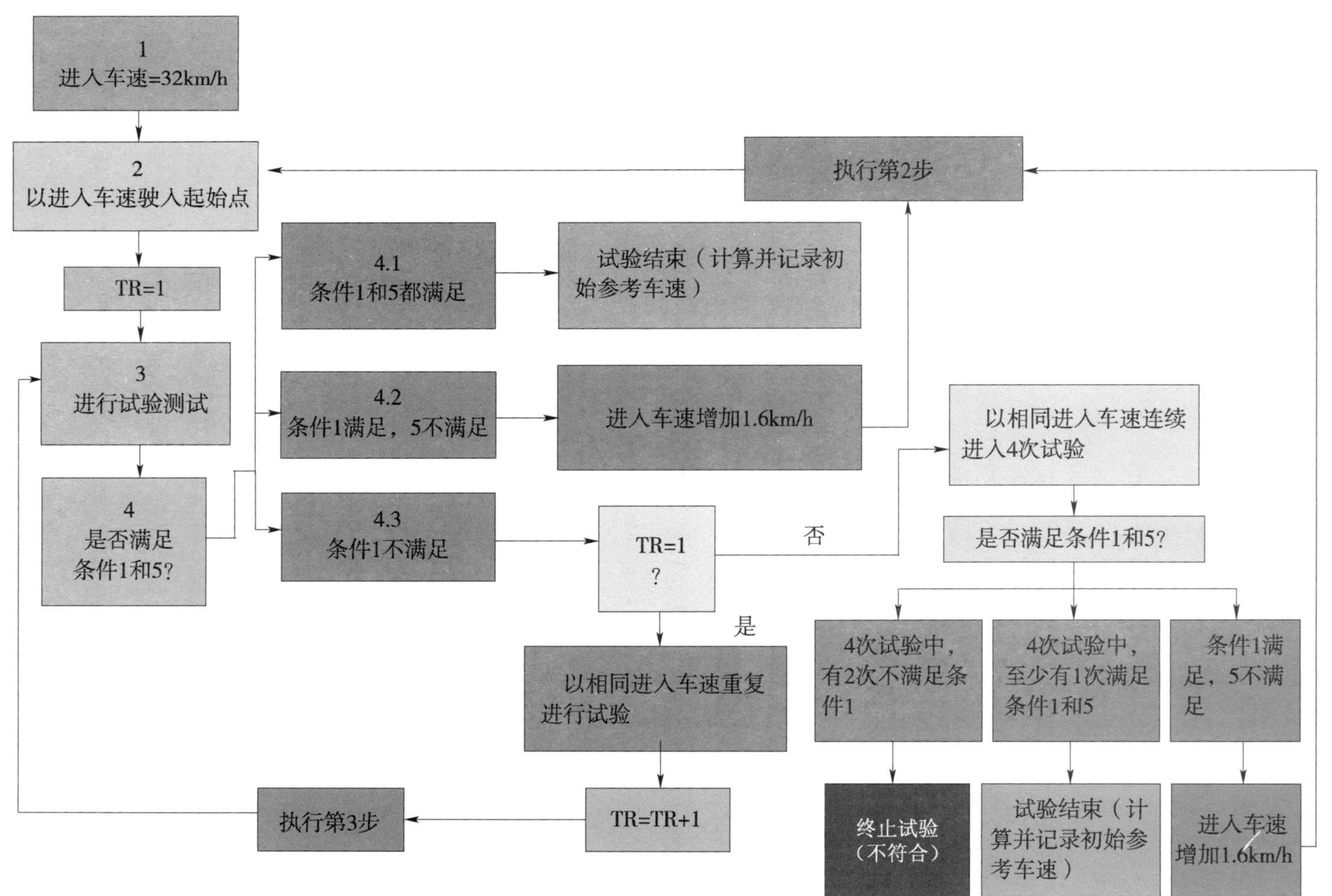

图2-19　初始参考车速确定的试验流程

动气室(或制动轮缸)压力在连续 0.5s 时间内,压力至少达到 34kPa/172kPa(气压/液压)。

b)参考车速的确定。采用 A.6.3.1a)中确定的初始参考车速,进行顺时针和逆时针两个方向的 J-转向试验来确定参考车速。试验过程中,驾驶员尽量保持初始参考车速完成 J-转向试验。参考车速即为 ESC 激活行车制动时的最小进入车速,4 次连续试验过程中至少有两次以同样车速(偏差为 ±1.6km/h)进入。顺时针和逆时针转向应分别确定。每个方向的 4 次试验中,若至少两次 ESC 未激活行车制动,则最小进入车速应在初始参考车速的基础上以 1.6km/h 递增,然后以相同程序进行重复试验。

条文释义

参考车速确定的试验流程如图 2-20 所示:

其中,条件 1 为:车道保持。车轮在试验过程中须保持在车道内。条件 5 为:ESC 行车制动应处于激活状态。ESC 系统工作并使任意行车制动气室(或制动轮缸)压力在连续 0.5s 时间内,压力至少达到 34kPa/172kPa(气压/液压)。

A.6.3.2 发动机扭矩减小量

发动机扭矩减小量试验方法如下:

a)采用 A.6.3.1b)确定的参考车速(偏差 ±1.6km/h),进行顺时针和逆时针两个方向的 J-转向试验,每个方向连续进行 4 次。每次试验过程中,一旦车辆进入弯道,驾驶员将全油门加速直至车辆经过整个弯道。

b)每次试验过程中,判断发动机扭矩和驾驶员需求扭矩信号是否满足 A.2.2 a)的要求。发动机输出扭矩和驾驶员需求扭矩均从车载通信网络或车辆控制器局部网(CAN)总线中读取。

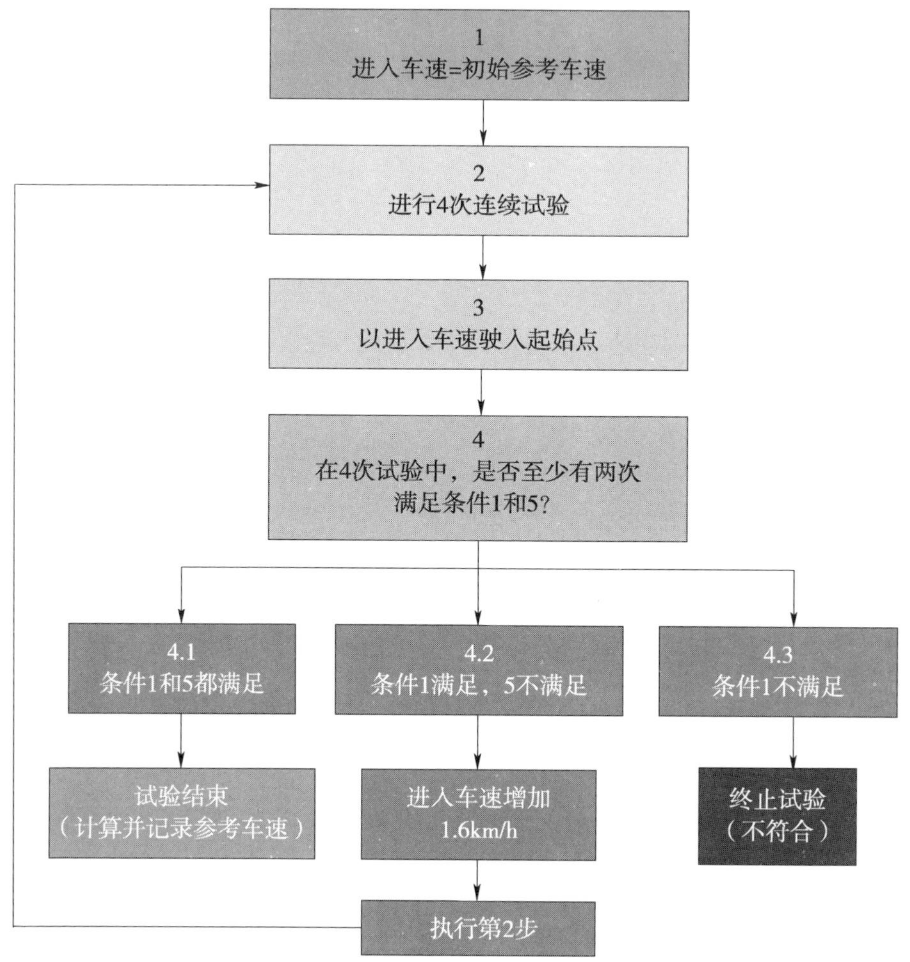

图 2-20　参考车速确定的试验流程

条文释义

发动机扭矩减少量试验的流程如图 2-21 所示：

其中,条件 1 为:车道保持。车轮在试验过程中须保持在车道内。条件 2 为:发动机扭矩减小。从车辆经过起始点后 1.5s 开始计算,至车辆经过结束点为止,ESC 系统须能减小驾驶员需求发动机扭矩 10% 以上,且持续时间最小为0.5s。

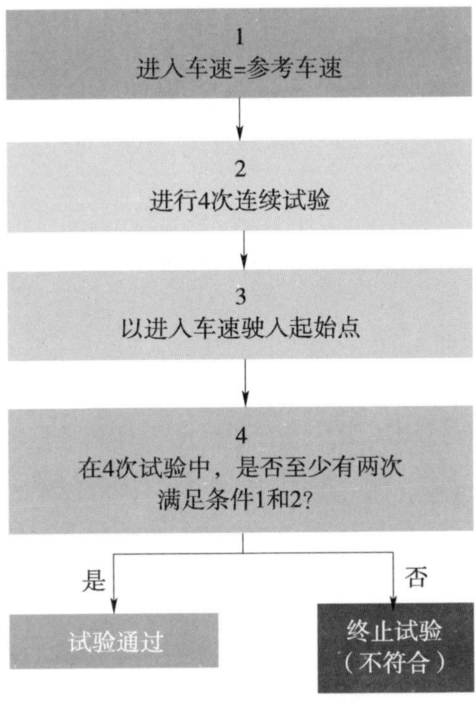

图2-21 发动机扭矩减少量试验的流程

标准条文

A.6.3.3 防侧翻控制能力

防侧翻控制能力试验方法如下：

a)每次试验前,观察最热制动器的温度,确保温度位于66℃~204℃之间。

b)最高试验车速为1.3倍参考车速和48km/h中的较大值。顺时针和逆时针应分别确定。

c)每次试验过程中,当车速低于进入弯道时车速4.8km/h时,驾驶员松开加速踏板。

d)车辆以同样的车速连续进行8次试验。

条文释义

防侧翻控制能力试验的流程如图 2-22 所示：

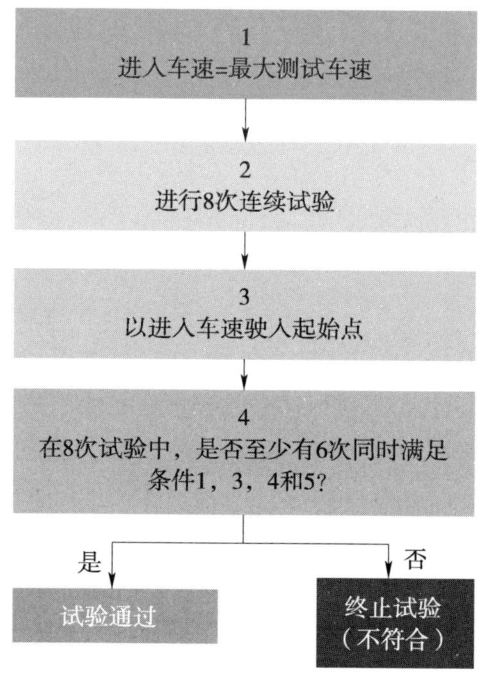

图 2-22　防侧翻控制能力试验的流程

其中,条件 1 为:车道保持。车轮在试验过程中须保持在车道内。条件 3 为:车辆经过起始点后的 3s 时刻的车速。车辆经过起始点后 3s 时刻的车速不应超过 47km/h。条件 4 为:车辆经过起始点后的 4s 时刻的车速。车辆经过起始点后 4s 时刻的车速不应超过 45km/h。条件 5 为:ESC 行车制动应处于激活状态。ESC 系统工作并使任意行车制动气室(或制动轮缸)压力在连续 0.5s 时间内,压力至少达到 34kPa/172kPa(气压/液压)。

A.6.4　ESC 故障检测

A.6.4.1 通过断开一个或多个任意ESC组件的电源,或断开ESC组件间的电路(车辆断电情况下),来模拟ESC系统故障。当模拟ESC故障时,故障指示灯的电路要保持连接状态。

A.6.4.2 在车辆静止、点火启动系统位于"Lock"或"Off"时,打开点火启动系统至"Start"位置,起动发动机。将变速器置于前进挡,车辆加速至48km/h ± 8km/h。然后继续匀速行驶,2min内进行至少一次左转向、一次右转向和一次制动操作,检查确定ESC故障指示灯是否满足A.3的要求。

A.6.4.3 将车辆停稳,关闭点火启动系统至"Off"或"Lock"位置。5min后,打开车辆点火启动系统至"Start"位置,起动发动机。确认ESC故障信号装置再次点亮、提示故障存在并在发动机停止运转或故障消除前始终保持点亮。

A.6.4.4 关闭点火启动系统至"Off"或"Lock"位置。恢复ESC系统至正常状态,打开点火启动系统至"Start"位置,起动发动机。确认故障指示灯是否熄灭。

条文释义

A.6.4规定了模拟ESC故障的检测流程。

标准条文

A.6.5 数据后处理

A.6.5.1 车辆车速原始数据采用12极无阶巴特沃斯滤波器滤波,截止频率为10Hz。

A.6.5.2 通过车载通信网络或CAN总线采集的扭矩数据数字信号不必进行滤波。若为模拟信号,采用12极无阶巴特沃斯滤波器滤波,截止频率为10Hz。

A.6.5.3 在发动机扭矩减小量试验过程中,ESC使发动机扭矩减小的激活点是所测得的驾驶员需求扭矩和发动机扭矩开始分离的点。扭矩数据可直接通过车载通信网络或CAN总线获得。用于确定ESC激活发动机扭矩减小的激活点的扭矩值通过插值法得到。

A.6.5.4 J-转向试验中,车辆进入和驶出弯道时的车辆参考点均为车辆前轮中心点。

A.6.5.5 行车制动压力原始数据需要进行"归零"处理,"归零"后的制动压力采用12极无阶巴特沃斯滤波器滤波,截止频率为10Hz。行车制动压力"归零"处理是指行车制动压力以车辆前轮中心进入弯道前0.5s内的平均制动压力作为"零气压"值,进入弯道后制动压力以此进行偏移处理。

A.6.5.6 ESC激活行车制动是指ESC系统工作并使任意行车制动气室(或制动轮缸)压力在连续0.5s时间内,压力至少达到34kPa/172kPa(气压/液压)。

条文释义

A.6.5为数据后处理的具体要求,包括车速原始数据的滤波要求、发动机扭矩减小激活点的确定、行车制动压力原始数据"归零"处理的要求。具体规定与《轻型汽车电子稳定性控制系统性能要求及试验方法》(GB/T 30677—2014)类似。

附件1 《营运客车安全技术条件》(JT/T 1094—2016)

1 范围

本标准规定了营运客车的整车及主要总成、安全防护装置的安全技术要求。

本标准适用于M_2类、M_3类中的B级和Ⅲ级营运客车。

本标准不适用于校车。

2 规范性引用文件

下列文件对于本文件的应用是必不可少的。凡是注日期的引用文件,仅注日期的版本适用于本文件。凡是不注日期的引用文件,其最新版本(包括所有的修改单)适用于本文件。

GB/T 2408　塑料　燃烧性能的测定　水平法和垂直法

GB/T 3730.1　汽车和挂车类型的术语和定义

GB/T 6323　汽车操纵稳定性试验方法

GB 7258　机动车运行安全技术条件

GB 12676　商用车辆和挂车制动系统技术要求及试验方法

GB 13057　客车座椅及其车辆固定件的强度

GB 13094　客车结构安全要求
GB/T 13594　机动车和挂车防抱制动性能和试验方法
GB 14166　机动车乘员用安全带、约束系统、儿童约束系统和ISOFIX儿童约束系统
GB 14167　汽车安全带安装固定点、ISOFIX固定点系统及上拉带固定点
GB/T 14172　汽车静侧翻稳定性台架试验方法
GB/T 15089　机动车辆及挂车分类
GB 17578　客车上部结构强度要求及试验方法
GB/T 17619　机动车电子电器组件的电磁辐射抗扰性限值和测量方法
GB 18565　道路运输车辆综合性能要求和检验方法
GB/T 18655　车辆、船和内燃机　无线电骚扰特性　用于保护车载接收机的限值和测量方法
GB/T 19056　汽车行驶记录仪
GB 19239　燃气汽车专用装置的安装要求
GB/T 23334　开启式客车安全顶窗
GB/T 24545　车辆车速限制系统技术要求
GB/T 30677　轻型汽车电子稳定性控制系统性能要求及试验方法
GB 30678　客车用安全标志和信息符号
JT/T 721　客车电涡流缓速器性能要求和试验方法
JT/T 782　营运客车爆胎应急安全装置技术要求
JT/T 794　道路运输车辆卫星定位系统　车载终端技术要求
JT/T 808　道路运输车辆卫星定位系统　终端通讯协议及数据格式
JT/T 883　营运车辆行驶危险预警系统　技术要求和试验方法

JT/T 889　　客车发动机缓速器装车性能要求和试验方法
JT/T 890　　客车液力缓速器装车性能要求和试验方法
JT/T 1030　　客车电磁击窗器
JT/T 1076　　道路运输车辆卫星定位系统　车载视频终端技术要求
JT/T 1078　　道路运输车辆卫星定位系统　视频通信协议
JT/T 1095　　营运客车内饰材料阻燃特性
QC/T 480　　汽车操纵稳定性指标限值与评价方法
QC/T 1030　　客车外推式应急窗
QC/T 1048　　客车应急锤

3　术语和定义

GB/T 3730.1、GB/T 6323、GB 13094、GB/T 15089 界定的以及下列术语和定义适用于本文件。

3.1

营运客车　commercial bus

用于经营性旅客运输的客车。

4　技术要求

4.1　整车

4.1.1　营运客车车顶不应布置压缩天然气(CNG)、液化天然气(LNG)、液化石油气(LPG)燃气瓶。

4.1.2 营运客车地板下置行李舱净高应不大于1.2m,行李舱内应设置行李约束装置。

4.1.3 营运客车驾驶区上方不应布置地板。

4.1.4 营运客车应装备电子稳定性控制系统(ESC),总质量不大于3500kg的营运客车装备的ESC应符合GB/T 30677的要求,其他营运客车装备的ESC应符合附录A的要求。ESC的电磁兼容性应符合GB/T 18655及GB/T 17619的规定。

4.1.5 车长大于9m的营运客车应装备符合JT/T 883规定的车道偏离预警系统(LDWS),还应装备自动紧急制动系统(AEBS)。AEBS的前撞预警功能应符合JT/T 883的规定,其他功能应符合相关标准规定。

4.1.6 营运客车出厂时应装备具有存储和上传功能的车内外视频监控系统,以及具有行驶记录功能的卫星定位系统车载终端:

——视频监控系统应符合JT/T 1076和JT/T 1078的规定,视频监控覆盖范围至少应包含驾驶区、乘客门区、乘客区及车外前部区域;

——卫星定位系统车载终端应符合GB/T 19056、JT/T 794和JT/T 808的规定。

4.1.7 营运客车应配备安全标志,安全标志应符合GB 30678的规定。

4.1.8 营运客车应在乘客门附近车身外部易见位置,用高度大于等于100mm的中文及阿拉伯数字标明该车提供给乘员(包括驾驶员)的座位数。

4.1.9 营运客车侧倾稳定性应符合GB 7258的规定。

4.1.10 最大设计车速大于100km/h的营运客车应具有限速功能,否则应配备符合GB/T 24545要求的限速装置,且限速功能或限速装置调定的最大车速不得大于100km/h。

4.2 转向系

4.2.1 转向轴最大设计轴荷大于4000kg时,应装有转向助力装置。转向时其转向助力功能应连续有效,且转向助力装置失效时仍应具有用转向盘控制车辆的能力。

4.2.2 营运客车应具有不足转向特性,按 GB/T 6323 进行试验,不足转向度应符合 QC/T 480 的规定。

4.2.3 营运客车应按 GB/T 6323 规定的试验条件和方法进行蛇形试验,其平均横摆角速度峰值应高于 QC/T 480 对应标桩间距和基准车速下的下限值要求,且应符合 GB 18565 规定的行驶稳定性要求。

4.2.4 营运客车在平坦、硬实、干燥和清洁的水泥或沥青路面上行驶,以 10km/h 的速度在 5s 之内沿螺旋线从直线行驶过渡到外圆直径为 25m 的车辆通道圆行驶,施加于转向盘外缘的最大切向力应小于或等于 245N。

4.3 制动系

4.3.1 营运客车应安装符合 GB/T 13594 规定的防抱制动装置,并配备防抱制动装置失效时用于报警的信号装置。

4.3.2 营运客车所有车轮应安装盘式制动器。

4.3.3 营运客车所有的行车制动器应具备制动间隙自动调整功能。盘式行车制动器的衬片需要更换时,应采用声学或光学报警装置向在驾驶座上的驾驶员报警,报警信号符合 GB 12676 的要求。

4.3.4 车长大于 9m 的营运客车应装备缓速装置,其性能除应满足 GB 12676 规定的 IIA 型试验要求外,发动机缓速器、液力缓速器及电涡流缓速器装车性能还应分别满足 JT/T 889、JT/T 890 和 JT/T 721 的要求。

4.3.5 采用气压制动的营运客车应安装气压显示装置、限压装置,并可实现报警功能。气压制动系应安装保持压缩空气干燥、油水分离装置。

4.3.6 采用气压制动系统的营运客车制动储气筒内工作气压应大于等于 1000kPa。

4.3.7 营运客车应满足弯道制动稳定性要求。满载车辆在附着系数不大于0.5、车道中心线半径150m、宽3.7m的平坦圆弧车道上,以50km/h的初始车速进行全力制动的过程中,车辆应保持在车道内。

4.4 传动系

发动机前置后驱的营运客车,应有防止传动轴滑动连接(花键或其他类似装置)脱离或断裂等故障而引起危险的防护装置。

4.5 行驶系

4.5.1 营运客车应装用无内胎子午线轮胎。

4.5.2 营运客车安装单胎的车轮应安装胎压监测系统或胎压报警装置,并能通过仪表台向驾驶员显示相关信息。

4.5.3 车长大于9m的营运客车前轮应安装符合JT/T 782规定的爆胎应急安全装置,并能通过仪表台向驾驶员显示。

4.6 车身结构、强度、出口

4.6.1 上部结构强度

营运客车上部结构强度应符合GB 17578的规定。按GB 17578进行试验后,座椅的调整和锁止装置应能保持锁止状态,座椅与车辆固定件不应失效;以汽油为燃料的营运客车,其燃油箱不应发生泄漏。

4.6.2 座椅及其车辆固定件强度

营运客车座椅及其车辆固定件强度应符合GB 13057的规定。按GB 13057进行试验后,将假人从约束系统中解脱时,约束系统在不使用其他工具情况下应能被正常打开。

4.6.3 出口

4.6.3.1 每个分隔舱的出口最少数量应符合表1的规定,但卫生间或烹调间不视为分隔舱。不论撤离舱口数量有多少,只能计为1个应急出口。

表1 出口的最少数量

乘客及车组人员的数量(人)	出口的最少数量(个)
1~8	2
9~16	3
17~30	5
31~45	7
>45	8

4.6.3.2 车长大于9m的营运客车右侧应至少配置2个乘客门。后置发动机的营运客车后轮后方不应设置乘客门。

4.6.3.3 车长大于9m的营运客车,无论车身左侧是否设置驾驶员门,均应在车身左侧设置符合GB 13094要求的应急门。

4.6.3.4 在紧急情况下,当营运客车静止或以小于等于5km/h的速度运行时,每扇动力控制乘客门无论是否有动力供应,都应能从车内打开,当车门未锁住时,也能通过应急控制器从车外打开。应急控制器应符合GB 13094的要求。

4.6.3.5 操作乘客门应急控制器8s内应使乘客门自动打开或用手轻易打开到相应的乘客门引道量规能通过的宽度。

4.6.3.6 车长大于9m的营运客车,左右两侧应至少各配置2个外推式应急窗;车长大于7m且小于或等于9m的营运客车,左右两侧应至少各配置1个外推式应急窗。外推式应急窗应符合QC/T 1030的要求,其安全标志颜色应符合GB 30678的规定。

4.6.3.7 未配置内外开启式尾门的营运客车后围,应配置1个外推式应急窗或击碎玻璃式应急窗。当配置击碎玻璃式应急窗时,其附近应配置具有自动破窗功能的装置,该装置的破窗功能应符合JT/T 1030的规定。最后一排乘客座椅头枕可设计为快速翻转式或可快速拆卸式,以满足其通过性符合 GB 13094 后围应急窗的要求。最后一排座椅安装非固定式头枕时,在乘客易见位置应有头枕操作方法的清晰说明。

4.6.3.8 车长大于 9m 的营运客车,应至少配置 2 个安全顶窗;车长大于 7m 且小于或等于 9m 的营运客车,应至少配置 1 个安全顶窗。开启式安全顶窗应符合 GB/T 23334 的要求。

4.6.3.9 营运客车应急窗附近应安装符合 QC/T 1048 要求的应急锤,应急锤取下时应能通过声响信号实现报警。

4.6.3.10 驾驶员座位附近应配置 1 个应急锤。若配置动力控制乘客门,设置易于驾驶员操作的乘客门应急开关;若配置自动破窗器,应设置自动破窗器开关。

4.6.3.11 营运客车踏步区不应设置座椅。通道中不应设置折叠座椅。应急门引道宽度应符合 GB 13094 的规定,应急门引道处前排的座椅靠背应不可调节。

4.7 安全防护装置

4.7.1 营运客车应装备单燃油箱,且单燃油箱的额定容量应小于或等于 260L,并满足如下要求:

a) 燃油箱应固定牢靠,其安装位置应使其在车辆前、后碰撞事故中受到车身结构的保护。燃油箱任何部位距车辆前端应不小于 600mm(对于发动机后置的营运客车,其燃油箱前端面应位于前轴之后),距车辆后端应不小于 300mm;

b) 燃油箱侧面未受到车身纵梁保护的营运客车,应安装侧面防护装置。燃油箱侧面防护装置应能对燃油箱起到可靠的侧面防护作用并满足如下静强度试验要求:

   1) 通过高度 250mm、宽度 200mm 的加载装置对燃油箱侧面防护装置施加静载荷;

2） 载荷加载中心高度距离地面500mm，加载点分别位于燃油箱侧面防护装置的两端及其正中间部位；

3） 各加载点水平载荷大小均为25kN（B级营运客车为相当于车辆最大总质量的12.5%）；

4） 加载顺序为先进行两端位置加载，然后进行中间部位加载；

5） 试验过程中及试验后，防护装置的任何部件不应与燃油箱本体发生接触。

4.7.2 营运客车CNG、LNG、LPG燃气专用装置的安装要求应符合GB 7258的规定，CNG、LPG燃气专用装置的安装要求还应符合GB 19239的规定。加气口、控制仪表和阀件应设置安全防护装置。

4.7.3 营运客车所有座椅均应装备符合GB 14166规定的安全带，其固定点应符合GB 14167的规定。驾驶员座椅、前排乘客座椅、驾驶员和乘客门后第一排座椅、最后一排中间座椅及应急门引道后方座椅，装备的安全带应为三点式。

4.7.4 营运客车在车内乘客易见位置应设置安全带佩戴提醒标识。应装备乘客安全带佩戴提醒装置，当乘客未按规定佩戴安全带时，对乘客至少应有声学信号报警。

4.7.5 营运客车发动机舱内和其他热源附近的线束应采用耐温不低于125℃的阻燃电线，其他部位的线束应采用耐温不低于100℃的阻燃电线，波纹管阻燃特性应满足GB/T 2408规定的V-0级。线束穿孔洞时应装设阻燃耐磨绝缘套管。

4.7.6 营运客车用内饰材料性能应符合JT/T 1095的规定。

4.7.7 装备电涡流缓速器的营运客车，安装部位的上方应装具有阻燃性的隔热装置，并应加装温度报警系统。

4.7.8 营运客车在设计和制造上应保证发动机或采暖装置的排气不会

进入客舱,营运客车应有通风换气装置。

4.7.9 营运客车应装备至少2个停车楔(如三角垫木)。

5 标准实施的过渡期要求

5.1 以下要求自本标准实施之日起第7个月开始对新生产车实施:

——4.1.6 关于视频监控系统的要求;

——4.7.3 关于B级营运客车驾驶员和乘客门后第一排座椅、最后一排中间座椅及应急门引道后方座椅应装备三点式安全带的要求。

5.2 以下要求自本标准实施之日起第13个月开始对新生产车实施:

——4.1.2 关于行李舱的要求;

——4.1.4 关于车高大于3.7m的营运客车和总质量不大于3500kg的营运客车装备电子稳定性控制系统的要求;

——4.1.5 关于车道偏离预警系统(LDWS)和自动紧急制动系统(AEBS)的前撞预警功能的要求;

——4.3.2 关于车长大于9m的营运客车安装盘式制动器的要求;

——4.3.6 关于制动储气筒工作气压的要求;

——4.5.2 关于胎压监测系统或胎压报警装置的要求;

——4.5.3 关于爆胎应急安全装置的要求;

——4.6.3.2 关于乘客门数量及位置的要求;

——4.6.3.3 关于应急门的要求;

——4.6.3.6 关于外推应急窗数量的要求;

——4.6.3.7 关于后围应急窗的要求;

——4.6.3.8 关于安全顶窗的要求;

——4.7.1 关于装备单燃油箱、燃油箱额定容量及侧面防护装置的要求；

——4.7.4 关于装备乘客安全带提醒装置的要求。

5.3 以下要求自本标准实施之日起第25个月开始对新生产车实施：

——4.1.4 关于车高不大于3.7m的营运客车和总质量大于3500kg的营运客车装备电子稳定性控制系统的要求；

——4.1.5 关于车长大于9m的营运客车装备自动紧急制动系统(AEBS)的其他功能的要求；

——4.3.2 关于车长不大于9m的营运客车装备盘式制动器的要求。

附录 A
（规定性附录）
营运客车电子稳定性控制系统性能要求及试验方法

A.1 概述

本附录规定了营运客车电子稳定性控制系统的性能要求及试验方法。

A.2 性能要求

A.2.1 车道保持能力。车辆分别以恒定的初始参考车速和参考车速进行连续 4 次 J-转向试验时，4 次试验中至少有两次试验满足车轮不偏离车道的要求。初始参考车速和参考车速的确定按 A.6.3.1 方法进行。

A.2.2 发动机扭矩减小量。按 A.6.3.2 进行试验时，在连续 4 次试验中，至少应有两次能满足以下要求：

a) 车辆进入弯道后 1.5s 至车辆离开弯道过程中，至少有连续 0.5s 的时间，发动机输出扭矩与驾驶员需求扭矩相比至少降低 10%；

b) 任何车轮不应偏离车道。

A.2.3 防侧翻控制能力。按 A.6.3.3 进行试验时，在连续 8 次试验过程中，车辆以相同车速进入弯道，应至少 6 次能满足以下要求：

a) 车辆进入弯道后 3s 时刻，车速不应超过 47km/h；

b) 车辆进入弯道后 4s 时刻，车速不应超过 45km/h；

c) 任何车轮不应偏离车道；

d) ESC 激活行车制动。

A.3 ESC 故障监测

A.3.1 车辆应安装 ESC 工作指示灯，且处于驾驶员前方视野范围内。当车辆存在任何影响 ESC 系统正常工作的故障时，该指示灯点亮。

A.3.2 除 A.3.4 和 A.3.7 外，当故障存在时，只要车辆点火启动系统处于“On”挡，ESC 故障指示灯应持续点亮。

A.3.3 ESC 故障指示应用带有“电子稳定控制系统故障”或“ 或 ”符号显示。

A.3.4 当点火启动系统置于“On”位置但发动机未运行，或当点火启动系统处于“On”和“Start”之间、制造商指定的检查位置时，ESC 故障指示作为功能显示应激活。

A.3.5 当点火启动系统处于锁定状态时，ESC 故障指示不必启动。

A.3.6 当故障清除后，车辆点火启动系统再次启动时，ESC 故障指示灯应熄灭。

A.3.7 制造商也可采用 ESC 故障指示灯的闪烁模式来提示 ESC 的工作状态。

A.4 试验条件

A.4.1 环境条件

A.4.1.1 环境温度为2℃～40℃。

A.4.1.2 最大风速不应超过5m/s。

A.4.2 试验路面

A.4.2.1 试验应在干燥、均匀、坚实的路面上进行，且路面表面峰值附着系数至少为0.9。

A.4.2.2 试验路面应为单一坡度且坡度不大于1%。

A.4.2.3 J-转向试验场地应满足以下要求：

a) 试验车道中心线包括 22.9m 的直线和半径为 45.7m、角度为 120°的圆弧,直线与圆弧起始点相切,如图 A.1 所示;

b) 直线段车道宽为 3.7m,弯道车道宽为 4.3m;

c) J-转向试验应逆时针和顺时针方向分别进行。

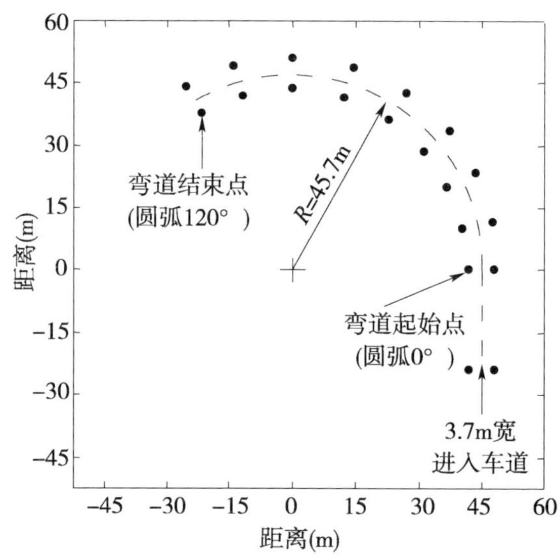

图 A.1 J-转向试验车道(逆时针方向)示意

A.5 车辆条件

A.5.1 除 ESC 故障试验外,对于所有其他试验,ESC 系统都应开启。

A.5.2 车辆满载,且乘员座椅按 68kg/座进行加载,其他载荷均匀分布于行李舱(无行李舱时,均布于地板上),载荷应固定牢靠防止滑动,且满足轴荷分配要求。车辆应尽量配备防翻架,且防翻架最大设计质量不应超过 1134kg,不包括安装夹具。

A.5.3 试验过程中,变速器挡位处于适当前进挡位;对于装备驾驶员控制的发动机辅助制动装置的车辆,试验过程中应确保发动机辅助制动装置关闭。

A.5.4 轮胎气压为车辆制造商推荐的满载充气压力。

A.5.5 最热制动器的初始制动温度应在66℃ ~204℃。

A.6 试验方法

A.6.1 轮胎磨合

车辆以0.1g左右的侧向加速度绕半径为45.7m的圆行驶,顺时针、逆时针各行驶两圈。

A.6.2 制动器磨合和温度

A.6.2.1 制动器磨合应按以下要求进行:

a) 变速器挡位置于车速32km/h ~64km/h正常行驶的最高合适挡位,车辆以0.3*g*的减速度进行64km/h ~32km/h的重复制动,每次制动间隔1.6km,共500次;

b) 在进行A.6.3中的性能试验时,制动器应按上述方法进行40次磨合。

A.6.2.2 最热制动器的温度。在进行各项试验时,若最热制动器的温度超过204℃,则需进行冷却,直到温度范围位于66℃ ~204℃;若温度低于66℃,则需重复制动来增加制动器温度使温度处于66℃ ~204℃。

A.6.3 J-转向试验

A.6.3.1 参考车速确定

参考车速的确定按以下方法进行:

a) 初始参考车速的确定。采用逐次增加车速的方法分别进行顺时针和逆时针两个方向的J-转向试验。两个方向的试验车速均从32km/h ±1.6km/h开始,恒速通过弯道,而后以1.6km/h的间隔逐次递增,直到ESC激活行车制动或车轮偏离车道为止。在试验过程中,若车轮偏离车道,需以同样车速重复进行试验。如果车轮再次偏离车道,则以同样车速(偏差 ±1.6km/h)再连续进行4次试验。ESC激活行车制动前0.5s时间内的平均车速或车轮偏离车道时的车速即为初始参考车速,圆整至1km/h。

b) 参考车速的确定。采用A.6.3.1a)中确定的初始参考车速,进行顺时针和逆时针两个方向的J-转向试验来确定参考车速。试验过程中,驾驶员尽量保持初始参考车速完成J-转向试验。参考车速即为ESC激活行车制动时的最小进入车速,4次连续试验过程中至少有两次以同样车速(偏差为±1.6km/h)进入。顺时针和逆时针转向应分别确定。每个方向的4次试验中,若至少两次ESC未激活行车制动,则最小进入车速应在初始参考车速的基础上以1.6km/h递增,然后以相同程序进行重复试验。

A.6.3.2 发动机扭矩减小量

发动机扭矩减小量试验方法如下:

a) 采用A.6.3.1b)确定的参考车速(偏差±1.6km/h),进行顺时针和逆时针两个方向的J-转向试验,每个方向连续进行4次。每次试验过程中,一旦车辆进入弯道,驾驶员将全油门加速直至车辆经过整个弯道。

b) 每次试验过程中,判断发动机扭矩和驾驶员需求扭矩信号是否满足A.2.2 a)的要求。发动机输出扭矩和驾驶员需求扭矩均从车载通信网络或车辆控制器局部网(CAN)总线中读取。

A.6.3.3 防侧翻控制能力

防侧翻控制能力试验方法如下:

a) 每次试验前,观察最热制动器的温度,确保温度位于66℃~204℃之间。

b) 最高试验车速为1.3倍参考车速和48km/h中的较大值。顺时针和逆时针应分别确定。

c) 每次试验过程中,当车速低于进入弯道时车速4.8km/h时,驾驶员松开加速踏板。

d) 车辆以同样的车速连续进行8次试验。

A.6.4 ESC故障检测

A.6.4.1 通过断开一个或多个任意ESC组件的电源,或断开ESC组件间的电路(车辆断电情况下),来模拟ESC系统故障。当模拟ESC故障时,故障指示灯的电路要保持连接状态。

A.6.4.2 在车辆静止、点火启动系统位于“Lock”或“Off”时,打开点火启动系统至“Start”位置,起动发动机。将变速器置于前进挡,车辆加速至48km/h ± 8km/h。然后继续匀速行驶,2min内进行至少一次左转向、一次右转向和一次制动操作,检查确定ESC故障指示灯是否满足A.3的要求。

A.6.4.3 将车辆停稳,关闭点火启动系统至“Off”或“Lock”位置。5min后,打开车辆点火启动系统至“Start”位置,起动发动机。确认ESC故障信号装置再次点亮、提示故障存在并在发动机停止运转或故障消除前始终保持点亮。

A.6.4.4 关闭点火启动系统至“Off”或“Lock”位置。恢复ESC系统至正常状态,打开点火启动系统至“Start”位置,起动发动机。确认故障指示灯是否熄灭。

A.6.5 数据后处理

A.6.5.1 车辆车速原始数据采用12极无阶巴特沃斯滤波器滤波,截止频率为10Hz。

A.6.5.2 通过车载通信网络或CAN总线采集的扭矩数据数字信号不必进行滤波。若为模拟信号,采用12极无阶巴特沃斯滤波器滤波,截止频率为10Hz。

A.6.5.3 在发动机扭矩减小量试验过程中,ESC使发动机扭矩减小的激活点是所测得的驾驶员需求扭矩和发动机扭矩开始分离的点。扭矩数据可直接通过车载通信网络或CAN总线获得。用于确定ESC激活发动机扭矩减小的激活点的扭矩值通过插值法得到。

A.6.5.4　J-转向试验中,车辆进入和驶出弯道时的车辆参考点均为车辆前轮中心点。

A.6.5.5　行车制动压力原始数据需要进行“归零”处理,“归零”后的制动压力采用12极无阶巴特沃斯滤波器滤波,截止频率为10Hz。行车制动压力“归零”处理是指行车制动压力以车辆前轮中心进入弯道前0.5s内的平均制动压力作为“零气压”值,进入弯道后制动压力以此进行偏移处理。

A.6.5.6　ESC激活行车制动是指ESC系统工作并使任意行车制动气室(或制动轮缸)压力在连续0.5s时间内,压力至少达到34kPa/172kPa(气压/液压)。

附件2　国内外客车安全法规/标准目录对照表

一、主动安全性能及配置

(一)国内标准汇总表

主动安全性能及配置国内标准汇总见附表2-1。

主动安全性能及配置国内标准汇总表　　附表2-1

序号	标准号	标准名称
1	GB 4785—2007	汽车及挂车外部照明和光信号装置的安装规定
2	GB 7258—2012	机动车运行安全技术条件
3	GB 12676—2014	商用车辆和挂车制动系统技术要求及试验方法
4	GB 15082—2008	汽车用车速表
5	GB 15084—2013	机动车辆　间接视野装置　性能和安装要求
6	GB 15742—2001	机动车用喇叭的性能要求及试验方法
7	GB 17675—1999	汽车转向系　基本要求
8	GB 18565—2016	道路运输车辆综合性能要求和检验方法
9	GB 21861—2014	机动车安全技术检验项目和方法
10	GB 24407—2012	专用校车安全技术条件
11	GB 30678—2014	客车用安全标志和信息符号
12	GB/T 6323—2014	汽车操纵稳定性试验方法
13	GB/T 12540—2009	汽车最小转弯直径、最小转弯通道圆直径和外摆值测量方法

续上表

序号	标准号	标准名称
14	GB/T 12543—2009	汽车加速性能试验方法
15	GB/T 12544—2012	汽车最高车速试验方法
16	GB/T 13594—2003	机动车和挂车防抱制动性能和试验方法
17	GB/T 14172—2009	汽车静侧翻稳定性台架试验方法
18	GB/T 20608—2006	智能运输系统　自适应巡航控制系统　性能要求与检测方法
19	GB/T 24545—2009	车辆车速限制系统技术要求
20	GB/T 26149—2010	基于胎压监测模块的汽车轮胎气压监测系统
21	GB/T 26773—2011	智能运输系统　车道偏离报警系统　性能要求与检测方法
22	GB/T 26776—2011	道路车辆　3.5t 以上的商用车报警系统
23	GB/T 30036—2013	汽车用自适应前照明系统
24	GB/T 32692—2016	商用车辆缓速制动系统性能试验方法
25	JT/T 325—2013	营运客车类型划分及等级评定
26	JT/T 510—2004	汽车防抱制动系统检测技术条件
27	JT/T 616—2016	乡村公路营运客车结构和性能通用要求
28	JT/T 721—2008	客车电涡流缓速器性能要求和试验方法
29	JT/T 782—2010	营运客车爆胎应急安全装置技术要求
30	JT/T 808—2011	道路运输车辆卫星定位系统　终端通讯协议及数据格式
31	JT/T 809—2011	道路运输车辆卫星定位系统　平台数据交换
32	JT/T 883—2014	营运车辆行驶危险预警系统　技术要求和试验方法
33	JT/T 884—2014	营运车辆抗侧翻稳定性试验方法　稳态圆周试验
34	JT/T 887—2014	客车质心位置测量方法
35	JT/T 888—2014	公共汽车类型划分及等级评定
36	JT/T 889—2014	客车发动机缓速器装车性能要求和试验方法
37	JT/T 890—2014	客车液力缓速器装车性能要求和试验方法
38	JT/T 893—2014	营运客车安全例行检查技术规范
39	JT/T 963—2015	青藏高原营运客车技术要求

续上表

序号	标 准 号	标 准 名 称
40	GA/T 497—2016	道路车辆智能监测记录系统通用技术条件
41	QC/T 239—2015	商用车辆行车制动器技术要求及台架试验方法
42	QC/T 480—1999	汽车操纵稳定性指标限值与评价方法
43	QC/T 649—2013	汽车转向操纵机构性能要求及试验方法
44	QC/T 789—2007	汽车电涡流缓速器总成性能要求及台架试验方法
45	QC/T 1046—2016	商用车辆后置液力缓速器性能要求及台架试验方法

(二)欧洲法规/指令汇总表

主动安全性能及配置欧洲法规/指令汇总见附表2-2。

主动安全性能及配置欧洲法规/指令汇总表　　附表2-2

序号	法规/指令号	法规/指令名称
1	ECE R13	就制动方面批准M类、N类和O类车辆的统一规定
2	ECE R28	关于批准声响报警装置和就声响信号方面批准机动车的统一规定
3	ECE R46	关于批准后视镜和就后视镜的安装方面批准机动车辆的统一规定
4	ECE R48	就照明和光信号装置的安装方面批准车辆的统一规定
5	ECE R79	就转向装置方面批准车辆的统一规定
6	ECE R89	关于车辆速度限制的统一规定
7	ECE R97	关于其报警系统方面批准车辆报警系统和机动车辆的统一规定
8	ECE R107	就一般结构方面批准M_2或M_3类车辆的统一规定
9	ECE R111	就倾翻稳定性方面批准N类和O类罐式机动车的统一规定
10	ECE R123	关于批准机动车辆适应性前照灯(AFS)的统一规定
11	ECE R125	就驾驶员前视野方面批准机动车辆的统一规定
12	ECE R130	道路偏离警示系统(LDWS)

续上表

序号	法规/指令号	法规/指令名称
13	ECE R131	紧急制动预警系统(AEBS)
14	70/222/EEC	机动车辆及其挂车后牌照板的固定及其安装空间
15	70/311/EEC	机动车辆及其挂车的转向装置
16	71/320/EEC	具体某类机动车辆及其挂车的制动
17	75/443/EEC	机动车辆车速表和倒车装置
18	77/389/EEC	机动车辆牵引装置
19	77/649/EEC	机动车辆驾驶员视野
20	78/316/EEC	机动车辆操纵件、信号装置和指示器的识别
21	92/24/EEC	某类机动车辆限速装置或类似的车载限速系统
22	(EU)2015/562	特定类型车辆的先进紧急制动系统的型式批准

(三)美国法规/标准汇总表

主动安全性能及配置美国法规/标准汇总见附表2-3。

主动安全性能及配置美国法规/标准汇总表 附表2-3

序号	法规/标准号	法规/标准名称
1	FMVSS 105	液压与电子制动系统
2	FMVSS 121	气压制动系统
3	FMVSS 124	加速器控制系统
4	FMVSS 125	警告装置
5	FMVSS 136	重型车辆电子稳定性控制系统
6	FMVSS 138	轮胎气压监控系统
7	SAE J 10—2013	汽车和非道路车辆气制动储气罐性能要求和识别要求
8	SAE J 257—2011	载货车和客车制动器额定功率要求
9	SAE J 294—2015	GVWR 大于4500公斤(10000 lb)车辆的行车制动器总成试验规程
10	SAE J 299—2009	制动距离试验规程

续上表

序号	法规/标准号	法规/标准名称
11	SAE J 695—2011	机动车辆的转向能力和跑偏
12	SAE J 774—2011	紧急警报装置及其防护壳
13	SAE J 880—2011	商用车制动系评定试验规范
14	SAE J 1059—2011	车速表试验规程
15	SAE J 1383—2010	机动车前照灯性能要求
16	SAE J 1404—2014	行车制动器结构完整性—载货车和客车
17	SAE J 1441—2007	车辆操纵性主观分级评价
18	SAE J 1469—2009	载货车牵引车、大客车、挂车气制动促动器试验规程
19	SAE J 1505—2011	商用车制动力分配试验规程
20	SAE J 1626—2012	载货车、货车列车和大客车气制动、液制动系统制动、稳定性和控制性试验规程
21	SAE J 1698-1—2013	车辆事故数据接口　输出数据定义
22	SAE J 1698—2014	事故数据记录仪
23	SAE J 1698-2—2013	车辆状态数据界面—车辆数据提取
24	SAE J 1698-3—2013	事故数据记录仪—符合性评定
25	SAE J 2246—2014	防抱制动系统评价
26	SAE J 2355—1997	ITS 大客车结构标准模式信息报告数据
27	SAE J 2399—2014	运行控制(ACC)操作特性和用户界面
28	SAE J 2536—2011	公路使用商用车 ABS 道路试验评估规程
29	SAE J 2591—2008	自适应前照明系统
30	SAE J 2604—2007	气制动控制系统推荐试验规程
31	SAE J 2625—2008	道路车辆紧急制动试验规程
32	SAE J 2673—2014	客车和货车轮胎直线制动试验
33	SAE J 2802—2015	盲点监视系统(BSMS):操作特性与用户界面
34	SAE J 2806—2009	行车制动系统车外制动试验—气制动、液压制动和机械制动试验
35	SAE J 2838—2013	全自适应前照明系统
36	SAE J 2848-2—2011	中重型车胎压维护系统
37	SAE J 2848-3—2012	中重型车辆胎压管理系统类型(CTIS)

(四)日本标准汇总表

主动安全性能及配置日本标准汇总见附表2-4。

主动安全性能及配置日本标准汇总表　　附表2-4

序号	标准号	标准名称
1	JIS D0021—1998	汽车驾驶员视野
2	JIS D0801—2012	道路车辆—自适应巡航控制系统—性能要求和试验规程
3	JIS D0804—2007	智能交通系统—车道偏离报警系统—性能要求和试验规程
4	JIS D0805—2010	智能交通系统—车道变换确定辅助系统—性能要求和试验规程
5	JASO B006—2008	道路车辆—胎压监测系统—车辆试验规程
6	JASO C404—1999	载货车和大客车—行车制动器道路试验规程
7	JASO C407—2000	载货车和大客车—制动装置—测功机试验规程
8	JASO C420—2005	载货车和大客车—行车制动器结构整体性试验规程
9	JASO C421—2005	载货车和大客车—行车制动器结构整体性测功机试验规程
10	JASO C439—2002	应急制动器道路试验规程
11	JASO C466—2004	道路车辆—制动距离试验规程
12	11-1-12	制动系
13	11-1-43-6	车道偏离报警系统

(五)澳洲法规/标准汇总表

主动安全性能及配置澳洲法规/标准汇总见附表2-5。

主动安全性能及配置澳洲法规/标准汇总表　　附表2-5

序号	法规/标准号	法规/标准名称
1	ADR 14	后视镜
2	ADR 18	车速表
3	ADR 35	商用车制动系统
4	ADR 58	出租或福利用公共汽车设计要求
5	ADR 65	重型货车和重型公共汽车的最高车速限制装置

(六)国际标准化组织/道路车辆技术委员会标准汇总表

主动安全性能及配置国际标准化组织/道路车辆技术委员会(ISO/TC22)标准汇总见附表2-6。

主动安全性能及配置ISO/TC22标准汇总表　　附表2-6

序号	标准号	标准名称
1	ISO 7401—2011	道路车辆　横向瞬时响应试验方法　开环试验方法
2	ISO 15037-2—2002	道路车辆　车辆动力学试验方法　第2部分:重型汽车和客车一般试验条件
3	ISO 17361—2007	智能运输系统　车道偏离报警系统　性能要求与检测方法
4	ISO 14792—2011	道路车辆　重型商用车和客车　稳态圆周试验
5	ISO 14794—2011	重型商用车和客车　转弯制动　开环试验方法
6	ISO 15037-2—2002	道路车辆　车辆动力学试验方法　第2部分:重型汽车和客车一般试验条件
7	ISO 16333—2011	重型商用车和客车　稳态翻滚极限　倾斜台试验法
8	ISO 16552—2014	重型商用车和大客车　ABS直线行驶制动距离　开环和闭环

(七)全球技术法规(GTR)汇总表

主动安全性能及配置全球技术法规(GTR)汇总见附表2-7。

主动安全性能及配置GTR汇总表　　附表2-7

序号	法规号	法规名称
1	GTR 8	电子稳定控制系统(ESC)

二、被动安全性能及配置

(一)国内标准汇总表

被动安全性能及配置国内标准汇总见附表2-8。

被动安全性能及配置国内标准汇总表 附表 2-8

序号	标准号	标准名称
1	GB 7258—2012	机动车运行安全技术条件
2	GB 13057—2014	客车座椅及其车辆固定件的强度
3	GB 13094—2007	客车结构安全要求
4	GB 17578—2013	客车上部结构强度要求及试验方法
5	GB 18986—2003	轻型客车结构安全要求
6	GB 18565—2016	道路运输车辆综合性能要求和检验方法
7	GB 19239—2013	燃气汽车专用装置的安装要求
8	GB 24406—2012	专用校车学生座椅系统及其车辆固定件的强度
9	GB 24407—2012	专用校车安全技术条件
10	GB/T 16887—2008	卧铺客车结构安全要求
11	GB/T 19260—2003	低地板及低入口城市客车结构要求
12	GB/T 19950—2005	双层客车结构安全要求
13	GB/T 26990—2011	燃料电池电动汽车 车载氢系统 技术条件
14	JT/T 325—2013	营运客车类型划分及等级评定
15	JT/T 616—2016	乡村公路营运客车结构和性能通用要求
16	JT/T 963—2015	青藏高原营运客车技术要求
17	QC/T 997—2015	客车全承载整体框架式车身结构要求
18	QC/T 633—2009	客车座椅
19	QC/T 964—2014	城市客车塑料座椅及其车辆固定件的强度

(二)欧洲法规/指令汇总表

被动安全性能及配置欧洲法规/指令汇总见附表 2-9。

被动安全性能及配置欧洲法规/指令汇总表 附表 2-9

序号	法规/指令号	法规/指令名称
1	ECE R36	就一般结构方面批准大型客车的统一规定
2	ECE R52	就总体结构方面批准 M_2 和 M_3 类车辆的统一规定

续上表

序号	法规/指令号	法规/指令名称
3	ECE R66	就上部结构强度方面批准大型乘客车的统一规定
4	ECE R67	关于:1. 批准在驱动系统中使用液化石油气的机动车辆特殊装置的统一规定;2. 就该装置的安装批准机动车辆的统一规定
5	ECE R80	就座椅强度及其固定点方面批准大型客车座椅和车辆的统一规定
6	ECE R110	关于:1. 批准在其驱动系统使用压缩天然气(CNG)的机动车的特殊部件;2. 就已批准的特殊部件的安装方面批准在其驱动系统使用压缩天然气(CNG)的机动车的统一规定
7	2001/85/EC	8座以上(驾驶员除外)车辆的结构安全要求

(三)美国法规/标准汇总表

被动安全性能及配置美国法规/标准汇总见附表2-10。

被动安全性能及配置美国法规/标准汇总表　　附表2-10

序号	法规/标准号	法规/标准名称
1	FMVSS 208	乘员碰撞保护
2	FMVSS 220	学童客车倾翻的防护
3	FMVSS 221	学童客车的车身联结强度
4	FMVSS 222	学童客车乘员座椅和碰撞保护
5	FMVSS 301	燃料系统的完整性
6	FMVSS 303	压缩天然气车辆燃料系统的完整性
7	SAE J 140—2013	座椅安全带硬件试验规程
8	SAE J 141—2013	座椅安全带硬件性能要求

(四)澳洲法规/标准汇总表

被动安全性能及配置澳洲法规/标准汇总见附表2-11。

被动安全性能及配置澳洲法规/标准汇总表　　附表 2-11

序号	法规/标准号	法规/标准名称
1	ADR 59	公共汽车的侧翻强度
2	ADR 68	公共汽车的乘员保护
3	ADR 66	公共汽车用座椅强度，座椅固定点强度及座椅填充物要求
4	ADR 3	座椅及座椅固定点
5	ADR 4	安全带
6	ADR 5	安全带固定点

三、阻燃、防火性能及配置

(一)国内标准汇总表

阻燃、防火性能及配置国内标准汇总见附表 2-12。

阻燃、防火性能及配置国内标准汇总表　　附表 2-12

序号	标 准 号	标 准 名 称
1	GB 8410—2006	汽车内饰材料的燃烧特性
2	GB 32086—2015	特定种类汽车内饰材料垂直燃烧特性技术要求和试验方法
3	GB 7258—2012	机动车运行安全技术条件
4	GB 24407—2012	专用校车安全技术条件
5	GB 18296—2001	汽车燃油箱安全性能要求和试验方法
6	GB 18565—2016	道路运输车辆综合性能要求和检验方法
7	GB 20286—2006	公共场所阻燃制品及组件燃烧性能要求和标识
8	QC/T 1047—2016	城市客车塑料座椅

(二)欧洲法规/指令汇总表

阻燃、防火性能及配置欧洲法规/指令汇总见附表 2-13。

阻燃、防火性能及配置欧洲法规/指令汇总表　　附表2-13

序号	法规/指令号	法规/指令名称
1	ECE R118	用于某些类型机动车辆内部结构的材料的燃烧特性和/或燃料或润滑材料性能的统一技术规定
2	ECE R34	就防火方面批准车辆的统一规定
3	95/28/EC	某类机动车辆内部结构所用材料的燃烧特性
4	70/221/EEC	机动车辆及其挂车液体燃料箱和后防护装置

(三)美国法规/标准汇总表

阻燃、防火性能及配置美国法规/标准汇总见附表2-14。

阻燃、防火性能及配置美国法规/标准汇总表　　附表2-14

序号	法规/标准号	法规/标准名称
1	FMVSS 302	汽车内饰材料的燃烧特性
2	SAEJ 1128—2013	低压基本电缆

(四)日本标准汇总表

阻燃、防火性能及配置日本标准汇总见附表2-15。

阻燃、防火性能及配置日本标准汇总表　　附表2-15

序号	标准号	标 准 名 称
1	11-3-27	机动车内饰材料阻燃特性技术标准

(五)国际标准化组织/道路车辆技术委员会标准汇总表

阻燃、防火性能及配置国际标准化组织/道路车辆技术委员会(ISO/TC22)标准汇总见附表2-16。

阻燃、防火性能及配置 ISO/TC22 标准汇总表　　附表 2-16

序号	法规/标准号	法规/标准名称
1	ISO 6722-1—2011	道路车辆 60V 和 600V 单芯电缆　第 1 部分:铜导体电缆的尺寸试验方法和要求

四、安全逃生性能及配置

(一)国内标准汇总表

安全逃生性能及配置国内标准汇总见附表 2-17。

安全逃生性能及配置国内标准汇总表　　附表 2-17

序号	标 准 号	标 准 名 称
1	GB 18565—2016	道路运输车辆综合性能要求和检验方法
2	GB 7258—2012	机动车运行安全技术条件
3	GB 13094—2007	客车结构安全要求
4	GB 18986—2003	轻型客车结构安全要求
5	GB 30678—2014	客车用安全标志和信息符号
6	GB/T 19950—2005	双层客车结构安全要求
7	GB/T 19260—2003	低地板及低入口城市客车结构要求
8	GB/T 23334—2009	开启式客车安全顶窗
9	QC/T 766—2006	客车安全顶窗
10	QC/T 1030—2016	客车外推式应急窗
11	QC/T 1048—2016	客车应急锤
12	JT/T 616—2016	乡村公路营运客车结构和性能通用要求
13	JT/T 1030—2016	客车电磁击窗器
14	JT/T 325—2013	营运客车类型划分及等级评定

（二）欧洲法规/指令汇总表

安全逃生性能及配置欧洲法规/指令汇总见附表2-18。

安全逃生性能及配置欧洲法规/指令汇总表　　附表2-18

序号	法规/指令号	法规/指令名称
1	ECE R36	就一般结构方面批准大型客车的统一规定
2	ECE R52	就总体结构方面批准 M_2 和 M_3 类车辆的统一规定
3	ECE R66	就上部结构强度方面批准大型乘客车的统一规定
4	ECE R107	就一般结构方面批准 M_2 或 M_3 类车辆的统一规定
5	2001/85/EC	8座以上（驾驶员除外）车辆的结构安全要求

（三）美国法规/标准汇总表

安全逃生性能及配置美国法规/标准汇总见附表2-19。

安全逃生性能及配置美国法规/标准汇总表　　附表2-19

序号	法规/标准号	法规/标准名称
1	FMVSS 118	动力操纵车窗系统
2	FMVSS 217	客车紧急出口及车窗的固定与松放

（四）日本标准汇总表

安全逃生性能及配置日本标准汇总见附表2-20。

安全逃生性能及配置日本标准汇总表　　附表2-20

序号	标准号	标 准 名 称
1	11-1-23	通道
2	11-1-25	入口
3	11-1-26	紧急出口
4	11-1-29	车窗玻璃
5	11-3-91	铰接客车结构要求

续上表

序号	标准号	标 准 名 称
6	11-3-92	双层机动车结构要求
7	11-3-106	单人驾驶大客车结构要求

（五）澳洲法规/标准汇总表

安全逃生性能及配置澳洲法规/指令汇总见附表 2-21。

安全逃生性能及配置澳洲法规/指令汇总表 附表 2-21

序号	法规/标准号	法规/标准名称
1	ADR 58	出租用或福利用公共汽车的设计要求
2	ADR 44	特殊用途车的结构要求

五、营运安全管理要求

（一）国内标准汇总表

营运安全管理要求国内标准汇总见附表 2-22。

营运安全管理要求国内标准汇总表 附表 2-22

序号	标准号	标 准 名 称
1	GB 4094—1999	汽车操纵件、指示器及信号装置的标志
2	GB 7063—2011	汽车护轮板
3	GB 19151—2003	机动车用三角警告牌
4	GB 30678—2014	客车用安全标志和信息符号
5	GB/T 19056—2012	汽车行驶记录仪
6	GB/T 24551—2009	汽车安全带提醒装置
7	JT/T 794—2011	道路运输车辆卫星定位系统　车载终端技术要求
8	JT/T 808—2011	道路运输车辆卫星定位系统　终端通讯协议及数据格式

(二)欧洲法规/指令汇总表

营运安全管理要求欧洲法规/指令汇总见附表2-23。

营运安全管理要求欧洲法规/指令汇总表　　附表2-23

序号	法规/指令号	法规/指令名称
1	ECE R16	关于批准1.机动车乘员安全带、约束系统、儿童约束系统和ISOFIX儿童约束系统;2.车辆安装安全带、安全带提示器,约束系统、儿童约束系统和ISOFIX儿童约束系统的统一规定
2	ECE R27	关于批准三角警告牌的统一规定
3	78/316/EEC	机动车辆操纵件、信号装置和指示器的识别
4	78/549/EEC	机动车辆护轮扳

(三)美国法规/标准汇总表

营运安全管理要求美国法规/标准汇总见附表2-24。

营运安全管理要求美国法规/标准汇总表　　附表2-24

序号	法规/标准号	法规/标准名称
1	SAE J 683—2011	轮胎防滑链间隙—载货车,大客车和车辆列车(郊区客车,城间客车和公共汽车除外)
2	SAE J 1698—2014	事故数据记录仪

(四)日本标准汇总表

营运安全管理要求日本标准汇总见附表2-25。

营运安全管理要求日本标准汇总表　　附表2-25

序号	标准号	标准名称
1	JIS D4241—2000	道路车辆—轮胎防滑链

(五)奥地利法规/标准汇总表

营运安全管理要求奥地利法规/标准汇总见附表2-26。

营运安全管理要求奥地利法规/标准汇总表 附表2-26

序号	法规/标准号	法规/标准名称
1	V5117	M_1、N_1、O_1、O_2类车辆的防滑链 要求、试验及一致性标识
2	V5119	M_2、M_3、N_1、N_3、O_2、O_3、O_4类车辆的防滑链 要求、试验及一致性标识
3	V5121	M_1、N_1、O_1、O_2类车辆的车轮滑移保护控制装置 要求、试验及一致性标识

(六)国际标准化组织/道路车辆技术委员会(ISO/TC22)标准汇总表

营运安全管理要求国际标准化组织/道路车辆技术委员会(ISO/TC22)标准汇总见附表2-27。

营运安全管理要求ISO/TC22标准汇总表 附表2-27

序号	标准号	标准名称
1	ISO 3864-1—2011	图形符号 安全色和安全标志 第1部分:安全标志和安全标记的设计原则